LANGENSCHEIDTS MUSTERBRIEFE

Querida Juana…
Muy señor mío…

Spanische Privatbriefe
mit deutscher Übersetzung

W0397990

Bearbeitet
von
José María Domínguez

LANGENSCHEIDT
BERLIN · MÜNCHEN · WIEN · ZÜRICH · NEW YORK

Auflage: 14. 13. 12. 11.		Letzte Zahlen
Jahr: 1998 97 96		maßgeblich

© 1973, 1991 Langenscheidt KG, Berlin und München
Druck: Druckhaus Langenscheidt, Berlin-Schöneberg
Printed in Germany

ISBN 3-468-41940-6

VORWORT

Wer Spanisch lernt, wird nach kurzer Zeit bestrebt sein, auch Briefe in spanischer Sprache an Freunde und Bekannte zu schreiben. In solchen Fällen die richtige Form zu finden, ist eine keineswegs immer leichte Aufgabe. Ihnen dabei zu helfen, ist der Zweck des vorliegenden Buches. Darüber hinaus bietet es dem Fortgeschrittenen die Möglichkeit, seine Kenntnisse hinsichtlich des Stils zu erweitern und seine Sicherheit in der Anwendung typisch spanischer Begriffe, wie z. B. Don, Doña (vgl. den Abschnitt „Anschrift") usw., zu vergrößern.

Der Band bringt vor allem Muster von Briefen privaten Inhalts, daneben aber auch Beispiele für den Briefwechsel mit Hotels, Verkehrsbüros, Institutionen und Behörden. Schreiben rein kaufmännischen Inhalts findet der Leser in unserem Band „100 Briefe Spanisch für Export und Import".

Vor der Benutzung des Buches empfiehlt es sich, folgende Abschnitte der Einführung durchzusehen: Aufmachung des Briefes, Anschrift, Datum, Anreden und Briefschlüsse. Den Musterbrief zum jeweiligen Anlaß findet man am schnellsten, wenn man unter dem entsprechenden Stichwort (z. B. Dankschreiben für Geschenke) im Sachregister am Schluß des Bandes nachschlägt. Varianten im Ausdruck und andere idiomatische Redewendungen bieten dann benachbarte, ähnliche Briefe. Im Anhang findet der Leser Bemerkungen zur Silbentrennung und Zeichensetzung im Spanischen sowie eine Zusammenstellung spanischer Vornamen.

Die deutsche Übersetzung erfolgte in mehr oder minder enger Anlehnung an den spanischen Text. Dabei wurde aber immer versucht, die entsprechende Wendung in einwandfreiem Deutsch zu geben, da dem Anfänger nur dadurch klares Verständnis des jeweiligen Sachverhalts und Sicherheit im richtigen Gebrauch der spanischen Konstruktion vermittelt werden. Mit Hilfe wörtlicher Übertragungen typisch spanischer Konstruktionen [in eckigen

Klammern] wird der Benutzer ohne Mühe ins Spanische rückübersetzen können. Wer sich mit den vorkommenden Bedeutungen einzelner Wörter nicht begnügen, sondern auch noch andere kennenlernen will, dem sei Langenscheidts Taschenwörterbuch Spanisch empfohlen.

Für Vorschläge zur Verbesserung des Buches ist der Verlag stets dankbar.

Der Verlag

Nach den gleichen Grundsätzen bearbeitet liegen private Musterbriefe für die englische, französische und italienische Sprache vor.

ÜBERSICHT

Inhaltsverzeichnis

A Einführung

B Musterbriefe

I. Briefe privaten Inhalts

II. Briefe geschäftlichen Inhalts

III. Briefe an Behörden

C Kurzmitteilungen

D Häufig gebrauchte Wendungen

E Anhang

A EINFÜHRUNG

Aufmachung des spanischen Privatbriefes

Es gibt keine allgemeingültigen Regeln für die Auswahl von Papier und Tinte. Der gute Ton will, daß man Papier in grellen Farben und Umschläge mit mehrfarbigem Futter vermeidet. Den besten Eindruck macht ein mit schwarzer Tinte auf gutes weißes Papier geschriebener Brief in einem weißen Umschlag.

Maschinenschrift: Briefe an Geschäftsleute oder an Behörden sollten mit der Maschine geschrieben werden; dagegen wäre es unhöflich, sich bei Briefen an fernerstehende Privatpersonen der Schreibmaschine zu bedienen. Die Maschinenschrift ist jedoch bei Briefen an Verwandte oder gute Freunde zulässig, vielleicht unter Vorausschickung einer Entschuldigungsformel.

Bei förmlich gehaltenen Schreiben wird der Briefbogen nur einseitig beschrieben. Umfaßt ein Brief mehrere Blätter, so ist eine Numerierung in der rechten oberen Ecke angebracht.

Im Aufbau ist der spanische Brief dem deutschen ähnlich (dies gilt auch für die spanischsprachigen Länder Lateinamerikas):

Anschrift des Absenders →	*Juan Ruiz de la Mata* *C/. Séneca, 12 – Tel. 37 23 05* *47008 Valladolid*
Datum →	*16 de junio de 19. .*
Anrede →	*Querido Paco:*
Inhalt →	*El motivo de esta carta es* . . . .
Grußwendung →	*Sin más por la presente, te saluda*
Unterschrift →	*Pepe*
Nachschrift →	*(P.S.) (P.D.)* . . . .

Im Gegensatz zu Geschäftsbriefen ist es bei Privatbriefen nicht üblich, die *Anschrift des Empfängers* an den Anfang oder das Ende des Briefes zu setzen.

Man beachte folgendes:

1. *Señor, Señora, Señorita* können, wenn sie vor dem betreffenden Namen stehen, abgekürzt geschrieben werden: *Sr. Pérez . . .; Sr. D . . .*
Voll ausgeschrieben werden sie jedoch innerhalb des Textes, sofern sie sich auf eine bestimmte Person beziehen: *Saludos a su Señora; Mis mejores saludos a la Señorita . . .*
Der akademische Titel *doctor* wird stets abgekürzt geschrieben: *Dr.*

2. Es ist zu beachten, daß die abgekürzten Formen von *Señor* und *Señora* stets vor dem Familiennamen stehen. Vor den Vornamen ist stets *Doñ* bzw. *Doña* zu setzen. Ausnahme: *Señorita: Srta. Juanita Alvarez Oña.*
Der Titel *Sr., Sra.* wird im allgemeinen eine Zeile höher geschrieben (wie die deutsche Anrede „Herrn"). Die Titel *Don, Doña (D., Dña.)* dagegen stehen auf der gleichen Zeile wie der Name.

3. Straße, Hausnummer und Stockwerk stehen in dieser Reihenfolge vor dem betreffenden Ortsnamen. Hausnummer und Stockwerk stehen, durch ein Komma getrennt, hinter der Straßenbezeichnung. Vor den Straßennamen stehen — durchweg in abgekürzter Form — die Bezeichnungen *calle, avenida, rambla u. a.: C. Alcalá, Avda. de Colón, Rbla. Universidad.* Postleitzahl und Ortsname stehen unter der Straßenbezeichnung. Ist die Postleitzahl nicht bekannt, so ist die Provinz, in Klammern stehend, hinzuzufügen:

María de Molina, 51, 2°
47001 Valladolid

aber:

Calle del Mercado, 82
Medina del Campo (Valladolid)

4. Hat der Bestimmungsort kein Postamt, so ist die nächstgelegene Postdienststelle — mit vorangestelltem *por* — anzugeben.

5. Bei den für das Ausland bestimmten Briefen ist das Bestimmungsland — im allgemeinen in Großbuchstaben geschrieben — in der oberen linken Ecke oder unmittelbar unter der betreffenden Ortsbezeichnung anzugeben.

6. Verheiratete Frauen führen in Spanien ihren Mädchennamen — zuweilen auch in abgekürzter Form — weiter:

Sra. Dña. Isabel Soto de Rodríguez
oder: *Sra. Dña. Isabel S. de Rodríguez.*

(Der hinter der Präposition *de* stehende Familienname ist derjenige des Ehemannes.)

7. Der deutsche Ausdruck „Familie Meyer" ist mit *Familia Cereceda* oder häufiger mit *Sres. de Cereceda* wiederzugeben.
Sollen in der Anschrift auch die Kinder der betreffenden Familie genannt werden, so schreibt man:

Sres. de Cereceda e hijo (hija, hijos).

Dieser Zusatz entfällt, wenn die Anschrift *Familia Cereceda* gewählt wird.

Die Anschrift an zwei ledige Schwestern lautet:

Señoritas (Marta y Juanita) Alonso.

8. Titel werden in Spanien nur sparsam verwendet. Sie unterstreichen den amtlichen Charakter der Anrede und werden gebraucht:
a) wenn die Privatanschrift des Empfängers unbekannt ist. Handelt es sich um ein persönliches Schreiben, so sind auf dem Umschlag in Klammern die Wörter *particular* oder *personal* (persönlich) hinter den Titel (*Director* usw.) zu setzen.
b) wenn es sich um die Anrede von Militärpersonen handelt. In diesen Fällen wird der jeweilige Grad vor oder auch hinter dem Namen der angeredeten Person angegeben:

Sr. Capitán D. José Merino Hernández
oder: *Sr. D. José Merino Hernández, capitán de Artillería.*

Handelt es sich um untere Dienstgrade (*cabo* Gefreiter, *sargento* Unteroffizier), so erfolgt Nachstellung.

Trägt der Schriftwechsel streng amtlichen Charakter, so wird auf die Abkürzung *Sr. D.* sowie auch auf die Anführung des Vornamens verzichtet: *Capitán Arroyo.*
c) wenn es sich um die Anrede von Baronen, Grafen, Herzögen usw. handelt.
d) wenn es sich um die im Kapitel „Anreden" aufgeführten Fälle handelt.

Der Doktortitel wird nur dann angewendet, wenn es sich um einen *doctor en medicina* (d. h. um einen Arzt = Dr. med.) handelt.

Titel wie *ingeniero, director, profesor* u. a. werden in der Privatanschrift nicht gebraucht. Man schreibt einfach:

Sr. D. Pedro Cuadrado Sáinz.

Ist die Privatanschrift nicht bekannt, so sind Titel und Ort der beruflichen Tätigkeit anzugeben:

Sr. D. Pedro Cuadrado Sáinz
Catedrático de la Universidad de Murcia

oder: *Rector de la Universidad de Granada,*
Director de I.N.E.S.A.,
Ingeniero de la RENFE.

Mit Ausnahme der Adelstitel geht der Titel des Mannes nicht auf die Frau über. So schreibt man *Sra. Directora* nur dann, wenn die betreffende Dame selbst (nicht aber ihr Ehemann) Direktorin z. B. einer Schule ist.

Anschrift des Absenders

Die Anschrift des Absenders enthält, sofern sie nicht aufgedruckt ist, bei Geschäftsbriefen untereinander folgende Elemente: Name, Straße + Nummer, Postleitzahl + Ort (+ evtl. Provinz). Bei Privatbriefen schreibt man alle Elemente des Absenders, wie bei uns, in einer Reihe auf die Klappe des Umschlags.

Datum

Ausgeschrieben:

Madrid, (a) 20 de julio de 19.. (a kann weggelassen werden).

Abgekürzt:

Madrid, 20-VII-... (statt der römischen Ziffern wird auch die Schreibung 20-7-... üblich).

Man beachte, daß im Gegensatz zum Deutschen kein Punkt hinter den Monatstag gesetzt wird.

Nur der erste Tag des Monats wird gelegentlich durch die Ordnungszahl angegeben *(primero)* und abgekürzt *1°* geschrieben:

Madrid, 1° de julio de 19..

Zur Bezeichnung aller anderen Tage dienen die Grundzahlen (z. B. den fünften Mai = *cinco de mayo*).

Die Monatsnamen lauten: *enero* (Januar), *febrero* (Februar), *marzo* (März), *abril* (April), *mayo* (Mai), *junio* (Juni), *julio* (Juli), *agosto* (August), *se(p)tiembre* (September), *octubre* (Oktober), *noviembre* (November), *diciembre* (Dezember). Sie können mit großem oder kleinem Anfangsbuchstaben geschrieben werden.

Die Monatsnamen werden mitunter abgekürzt, besonders in Geschäftsbriefen: *Ene., Feb., Mar., Abr., May., Jun., Jul., Ago., Sep., Oct., Nov., Dic.* In diesem Falle werden sie stets mit großem Anfangsbuchstaben geschrieben.

Anreden

Im Gegensatz zum Deutschen setzt man im Spanischen nach der Anrede kein Ausrufungszeichen, sondern einen Doppelpunkt.

1. Verwandte und Bekannte

Querido padre:	Lieber Vater!
Queridísimo papá:	Liebster Papa!
Querida mamá/madre:	Liebe Mutti/Mutter!
Queridos padres:	Liebe Eltern!
Queridísimos papás:	Liebste Eltern!
Mi querido hijo: (besser gibt man den Vornamen an)	Mein lieber Sohn!
Mi querida hija:	Meine liebe Tochter!
Queridísimos hijos:	Meine lieben Kinder!
Mi querida hermana: (besser gibt man den Vornamen an)	Meine liebe Schwester!
Queridísimos abuelos:	Meine lieben Großeltern!

Querido tío:	Lieber Onkel!
Mi querida tía	Meine liebe Tante!
Queridos tíos:	Lieber Onkel und liebe Tante!
Querido primo Antonio:	Lieber Vetter Anton!
Mis queridos primos:	Lieber Vetter und liebe Kusine!
Inolvidable Luis:	Mein lieber alter Ludwig!
Queridísima Juanita:	Liebste Johanna!
Amigo José Luis:	Lieber Freund José Luis!
Recordada Carmen:	Liebe, unvergessene Carmen!
Estimado amigo:	Lieber [Verehrter] Freund!
Mi distinguido amigo:	Mein verehrter Freund!
Apreciados amigos:	Liebe Freunde [Geschätzte Freunde]!
Hola, Charo:	Hallo, Charo!
Hola, ¿qué tal?:	Hallo, wie steht's!
Querido Alejandro:	Lieber Alexander!

2. Fernerstehende:

Muy señor mío:	entspricht dem Deutschen	Sehr geehrter Herr!
Distinguida señora:		Sehr geehrte gnädige Frau!
Distinguida señorita:		Sehr geehrtes Fräulein!
Estimado señor López:		Lieber Herr López!
Distinguido señor y amigo:		Verehrter Freund [Verehrter Herr und Freund]!
Muy estimada señora (de Aparicio):		Liebe gnädige Frau! (Liebe Frau Aparicio!)
Muy estimado Sr. doctor:		Lieber Herr Doktor! (Zu einem befreundeten Arzt.)
Querido doctor y amigo:		Lieber Herr Doktor [Lieber Doktor und Freund] (Zu einem befreundeten Arzt.)

In Beileidsschreiben:

Mi querida Elena:	Meine liebe Helene!
Muy apreciado amigo:	Lieber Freund [Sehr geschätzter Freund]!

Die Vielzahl der verschiedenen Anrede- und Grußwendungen gegenüber staatlichen und kirchlichen Würdenträgern läßt eine Behandlung im einzelnen hier nicht zu.

Briefschlüsse

1. An Verwandte

Esperando el placer de volver a verte	Indem ich das Vergnügen erwarte, Dich wiederzusehen
Esperando con ansiedad tus buenas noticias	Indem ich sehnsüchtig auf gute Nachrichten von Dir warte
... te abraza	... umarmt Dich
... os envía un millón de besos	... sendet Euch eine Million Küsse
... os envío mi mejor recuerdo y cariño	... denke ich liebevoll an Euch [sende ich Euch meine beste Erinnerung und Liebe]
... vuestro siempre	... immer Euer
... recibe todo el cariño de	... sei lieb gegrüßt von [empfange alle Liebe von]
... recibe un beso muy fuerte de	... einen dicken Kuß von
... se despide con un fuerte abrazo	... grüßt auf das herzlichste [verabschiedet sich mit einer herzlichen Umarmung]

2. An gute Freunde

Recibe, querido amigo, un cordial (oder: *fuerte*) *apretón de manos.*	Herzlichen Händedruck [Empfange, lieber Freund, einen *herzlichen (festen)* Händedruck].
Recibe, querido Paco, los mejores saludos.	Beste Grüße [Empfange, lieber Paco, die besten Grüße].
Recibe, amiga querida, la expresión de mi sincera amistad.	In treuer Freundschaft [Empfange, liebe Freundin, den Ausdruck meiner aufrichtigen Freundschaft].
Cordialmente tuyo	Herzlich Dein
Cuente, querido amigo, con mi afecto más sincero.	Rechnen Sie, lieber Freund, mit meiner aufrichtigen Zuneigung.
... y salude de mi parte a su distinguida esposa.	... und grüßen Sie Ihre verehrte Gattin von mir.
... y presenta mis respetos a tu señora.	... und meine Empfehlung an Deine Frau.

3. An Bekannte

Suyo afectísimo	an gute Bekannte	Ihr sehr ergebener
Cordialmente		Herzlich
Con todo afecto		Sehr herzlich [Mit aller Zuneigung]
Le saluda		Es grüßt Sie
Reciba, estimado señor, los mejores saludos.		Mit den besten Grüßen [Empfangen Sie, geehrter (lieber) Herr, meine besten Grüße].

Con mis saludos más cordiales	Mit den herzlichsten Grüßen
Reciba, estimado señor, la expresión de mi sincera (oder: *cordial*) *simpatía.*	Ihr (sehr) ergebener [Empfangen Sie, sehr geehrter Herr, den Ausdruck meiner *aufrichtigen (herzlichen)* Sympathie].
Le ruego que haga presentes mis respetos a su distinguida esposa.	Übermitteln Sie bitte Ihrer Frau Gemahlin meine besten Empfehlungen.

4. An Fernerstehende

Con un atento saludo	Mit freundlichem Gruß
Le saluda atentamente	Hochachtungsvoll
Queda de usted affmo. s.s. (afectísimo seguro servidor)	Mit vorzüglicher Hochachtung [Es verbleibt Ihr sehr ergebener Diener]
Tengo el honor de saludarla respetuosamente.	Mit vorzüglicher Hochachtung [Ich habe die Ehre, Sie ehrerbietig zu grüßen].
Es para mí un honor el poder saludarla atte. (atentamente)	Hochachtungsvoll [Es ist mir eine Ehre, Sie höflich zu grüßen].

Grüße von Dritten

(Grüße an Dritte findet man auf Seite 102)

Tu querida tía hace suyos mis saludos y te envía un fuerte abrazo.	Innige Grüße und Küsse von uns beiden. [Deine liebe Tante schließt sich meinen Grüßen an und umarmt Dich herzlich.]
Mi marido te envía un afectuoso saludo, al que yo me uno con mis deseos más sinceros.	Mein Mann läßt Dich herzlich grüßen, und ich schließe meine aufrichtigsten Wünsche an.
Mi mujer envía a su señora un cordial saludo, que ruega le presente también a usted. Yo me uno con los deseos más sinceros.	Meine Frau sendet Ihrer Gattin einen herzlichen Gruß, der auch Ihnen gilt. Ich schließe mich mit meinen aufrichtigsten Wünschen an.
Los niños les envían muchos besos.	Die Kinder schicken Ihnen viele Küsse.
Muchísimos recuerdos de parte de Pablo.	Viele liebe Grüße von Paul. [Sehr viele Grüße von seiten Pauls.]
El Sr. N. me ha encargado transmitirle sus mejores saludos, oder: *que le haga presente su recuerdo.* oder: *enviarle muchos recuerdos de su parte.*	Herr N. hat mir viele Grüße an Sie aufgetragen [hat mich beauftragt, Ihnen seine besten Grüße zu übermitteln, oder: ihn bei Ihnen in Erinnerung zu bringen, oder: Ihnen viele Grüße von ihm zu bestellen].
El Sr. N. me encarga que le salude de su parte.	Herr N. trägt mir auf, daß ich Sie von ihm grüße.

Anschrift des Empfängers

Die Anschrift des Empfängers enthält bei Inlandsbriefen: Namen — Straße — Hausnummer (Stockwerk etc.) — Postleitzahl — Ort (Provinz). Bei Auslandsbriefen kommt noch das Bestimmungsland hinzu.

Inlandsbrief

(Privatadresse)

D. José Pérez Muñoz
Paseo de la Castellana, 35, 1° dcha.
28046 MADRID

(Geschäftsadresse)

D. Francisco Martín
Presidente
EXPLOSIVOS RIO TINTO, S.A.
Paseo de la Castellana, 95
Edificio Torre Europa
28046 MADRID

Die Anschrift steht in der unteren Hälfte des Umschlags auf der rechten Seite.

Auslandsbrief

Dª. Rosa López Pérez
Calle Serrano 34, 5° A
28046 MADRID

ESPAÑA

Die Adresse ist linksbündig. Besonderheiten können durch Großbuchstaben hervorgehoben werden. Postleitzahl und Ort werden unterstrichen und stehen ohne Leerzeile unter der Straße. Bei Auslandsadressen wird das Bestimmungsland in Großbuchstaben unter die Stadt gesetzt.

Postalische Vermerke und Ausdrücke

Absender	*Remitente*
per Adresse, bei	*c/o.*
Annahme verweigert	*Envío rehusado*
Dringend	*Urgente*
Drucksache	*Impresos*
(per) Eilboten	*Por expreso (Am. Entrega inmediata)*
Eilbrief	*Carta urgente*
Eilzustellung	*Entrega por expreso*
Einschreibebrief	*Carta certificada*
Einschreiben	*Certificada (Am. Registrada)*
Empfänger (unbekannt)	*Destinatario (desconocido)*
Falls unzustellbar, bitte zurück	*Caso de no hallar al destinatario, devuélvase al remitente*
Nicht falten	*No doblar*
(per) Fax	*(Por) fax*
Internationaler Antwortschein	*Cupon-respuesta internacional*
[Per] Luftpost	*Por avión*
Muster ohne Wert	*Muestra sin valor*
(gegen) Nachnahme	*(contra) Re(e)mbolso*
Bitte nachsenden	*Remítase al destinatario*
Paketpost	*Servicio postal de paquetes*
Persönlich	*Personal (Particular)*
Persönlich zu übergeben	*En propia mano*
Portofrei	*Franco de porte (libre de franqueo)*
Postamt	*(Oficina de) Correos*
Postfach	*Apartado de Correos (Am. Casilla postal)*

Postlagernd	*Lista de Correos*
Mit bezahlter Rückantwort	*Con respuesta pagada*
Vertraulich	*Confidencial*
Verzollt	*Pagado*
Vorsicht, zerbrechlich	*(Atención) frágil*
Wert(brief)	*Valores declarados*
Zollfrei	*Exento de aduana*
Zurück an Absender	*Devuélvase al remitente*

Wichtige Abkürzungen

a. D. g.	*a Dios gracias*	Gott sei Dank
afmo. (affmo.)	*afectísimo*	sehr ergeben
Apdo.	*apartado (de Correos)*	Post(schließ)fach
atte.	*atentamente*	hochachtungsvoll
atto.	*atento*	ergeben
Avda.	*avenida*	Avenue
b. l. m.	*besa la mano*	küßt die Hand
C.	*calle*	Straße
Cía.	*compañía*	Gesellschaft
c/o.	*care of*	bei
C. P.	*Código Postal*	Postleitzahl
cta.	*cuenta*	Konto
D.	*Don*	Herr (vor dem Vornamen)
D^{a}, Dña.	*Doña*	Frau (vor dem Vornamen)
d. e. p.	*descanse en paz*	ruhe in Frieden
Dir.	*director*	Direktor
D. m.	*Dios mediante*	so Gott will
Dpto.	*departamento*	Departement, Abteilung
Dr.	*doctor*	Doktor
dra., dcha.	*derecha*	rechte, rechts
entlo.	*entresuelo*	Hochparterre
e. p. m.	*en propia mano*	eigenhändig; persönlich
esq.	*esquina*	Ecke
etc.	*etcétera*	usw.
Excmo.	*Excelentísimo*	Exzellenz
f.c.	*ferrocarril*	Eisenbahn
fdo.	*firmado*	gezeichnet
g. p.	*giro postal*	Postanweisung
h.	*horas*	Uhr(zeit)
Hno., H^{o}	*hermano*	Bruder
Hnos.	*hermanos*	(Ge-)Brüder
Ilmo.	*Ilustrísimo*	Hochwürdigster; Exzellenz
izq., izda.	*izquierda*	linke, links
jto.	*junto (a)*	bei

Mons.	*Monseñor*	Monsignore
núm., nº	*número*	Nummer
P.	*Padre*	Pater
pág.	*página*	Seite
Pbro.	*presbítero*	Priester
P. D.	*post data*	Nachtrag
Pje.	*pasaje*	Durchgang
Pl.	*plaza*	Platz
Pº	*paseo*	Promenade
P. O.	*por orden*	im Auftrag
ppdo.	*próximo pasado*	letztvergangen
pral.	*principal*	1. Stock
prov.	*provincia*	Provinz
P. S.	*post scriptum*	Nachschrift
Ptas.	*pesetas*	Peseten
q. e. p. d.	*que en paz descanse*	ruhe in Frieden
q. e. s. m.	*que estrecha su mano*	der Ihre Hand drückt
Rbla.	*rambla*	Promenade
Ref.	*referencia*	Betreff, betrifft
RENFE	*Red Nacional de Ferrocarriles Españoles*	staatliches Netz der spanischen Eisenbahnen
R. P.	*respuesta pagada*	(mit) bezahlter Rückantwort
Rte.	*remitente*	Absender
Rvdo.	*Reverendo*	Ehrwürden (Anrede für Geistliche)
S. A.	*Sociedad Anónima*	Aktiengesellschaft
S/c	*su casa*	„ich wohne“ (es folgt die Anschrift des Absenders)
S. E.	*Su Excelencia*	Seine/Eure Exzellenz
s.-n., s/n	*sin número*	ohne Hausnummer
Sr.	*Señor*	Herr
Sra.	*Señora*	Frau
Sres., Srs.	*Señores*	Herren, Herr und Frau
Srta.	*Señorita*	Fräulein
s. (s.) s.	*su (seguro) servidor*	Ihr sehr ergebener
ss. ss.	*seguros servidores*	Ihre sehr ergebenen
T/c	*tu casa*	„ich wohne“ (es folgt die Anschrift des Absenders)
Tel./tel.	*teléfono*	Telefon
U., Ud.	*usted*	Sie
Uds.	*ustedes*	Sie (Mehrzahl)
V., Vd.	*usted*	Sie
Vda.	*viuda*	Witwe
Vds.	*ustedes*	Sie (Mehrzahl)
vol.	*volumen*	Band
V. S.	*Vuestra Señoría*	Euer Gnaden

B MUSTERBRIEFE

I. Briefe privaten Inhalts

1. Mitteilung einer Geburt

Querido amigo:

Desde hace algunos días, soy papá de un precioso niño. He tardado un poco en comunicarte la noticia, pero estoy seguro de que me perdonarás la demora. La mamá y el pequeño se encuentran muy bien. No necesito decirte lo feliz que me siento. Espero que nos visitarás pronto. Tendrás ocasión de conocer a nuestro pequeño Roberto, y verás qué rico es.

Nada más por hoy. Recibe un cordial abrazo.

Lieber Freund!

Schon seit einigen Tagen bin ich Vater eines kräftigen Jungen. Ich habe es versäumt, Dir dieses Ereignis sofort mitzuteilen, bin aber überzeugt, daß Du bereit bist, mir zu verzeihen. Der Mutter und dem Kleinen geht es gut. Unnötig, Dir zu sagen, wie glücklich ich bin. Ich hoffe, daß Du uns bald besuchen wirst. Du wirst unseren kleinen Roberto kennenlernen, und Du wirst sehen, wie niedlich er ist.

Genug für heute. Mit den besten Grüßen

2. Mitteilung einer Taufe

Querida Montse:

Tengo el placer de comunicarte que nuestra hijita será bautizada el próximo jueves a las 18,30 en la iglesia de Santiago. Nos encantaría que asistieras a la ceremonia en compañía de Paco y los niños. A continuación, os esperamos también en casa, donde habrá una merienda-cena.

Esperando veros pronto, y con saludos en casa, recibe un beso muy fuerte de

Charo

Liebe Montse!

Ich habe das Vergnügen Dir mitzuteilen, daß unsere kleine Tochter am kommenden Donnerstag um 18.30 Uhr in der Santiago-Kirche getauft wird. Wir würden uns sehr freuen, wenn Du zusammen mit Paco und den Kindern an der Tauffeier teilnehmen würdest. Anschließend erwarten wir Euch bei uns zu Hause, wo ein kaltes Büffet serviert wird.

In der Hoffnung Euch bald zu sehen sei ganz herzlich gegrüßt von

Charo

3. Mitteilung einer Verlobung

Querido Pablo:

En este momento me siento muy feliz. No trates de adivinar por qué. Prefiero decirte en seguida que el próximo domingo me prometeré.

Qué sorpresa, ¡eh! Sin duda, esta noticia no la esperabas. La decisión ha sido muy rápida. Por ello, te sorprenderá mi petición de mano, y de seguro que me tratarás de misterioso.

Espero que pronto tendré el placer de presentarte a Conchita. Ella se alegrará mucho de conocerte.

Te abraza muy fuerte

Lieber Pablo!

In diesem Augenblick bin ich sehr, sehr glücklich. Überlege nicht, warum. Ich sage Dir lieber sofort, daß ich mich am nächsten Sonntag verloben werde.

Nicht wahr, da staunst Du. Ohne Zweifel hast Du diese Nachricht nicht erwartet. Ich habe mich sehr schnell entschlossen. Deshalb wirst Du ganz überrascht über meine Verlobung sein und dazu neigen, mich für einen Geheimniskrämer zu halten.

Ich hoffe, Dich bald Conchita vorstellen zu können. Sie wird sich sehr freuen, Dich kennenzulernen.

Herzlichst

4. Mitteilung einer Hochzeit an gute Freunde

Querido amigo:

Tengo la gran satisfacción de anunciarte que mi boda con Josefina tendrá lugar el miércoles 3 de marzo de 19.., es decir, dentro de quince días.

Naturalmente, en el curso de la semana próxima recibirás, lo mismo que mis demás amigos, una participación y la invitación a la ceremonia de ese día. Pero he querido invitarte ya hoy personalmente, pues cuento con tu asistencia como padrino de boda, así como con la de tu prometida como dama de honor.

En espera de tan hermoso día, en el que tendré el placer de volver a verte, te envío, al igual que a tu novia, mis saludos más cordiales.

Un abrazo

Lieber Freund!

Ich habe die große Freude Dir mitzuteilen, daß meine Eheschließung mit Josefina am Mittwoch, dem 3. März 19.., das heißt also in 14 Tagen, stattfinden wird.

Natürlich wirst Du wie alle meine Freunde im Laufe der kommenden Woche eine Anzeige sowie eine Einladung zur Trauung für diesen Tag erhalten. Aber ich wollte Dich schon heute persönlich einladen, denn ich rechne fest mit Deiner Anwesenheit als Brautführer sowie mit derjenigen Deiner Verlobten als Brautjungfer.

In Erwartung dieses schönen Tages, an dem ich hoffentlich das Vergnügen haben werde, Dich wiederzusehen, sende ich Dir und Deiner Verlobten meine herzlichsten Grüße.

Es umarmt Dich

5. Mitteilung einer Hochzeit an Verwandte

Querida tía Pilar:

Te anuncio, con la alegría que podrás imaginar, la celebración de mi boda el 31 de marzo.

Mi prometida está, como yo, empleada en el ramo de la hostelería. Actualmente, es secretaria de recepción en un importante hotel de Málaga, después de haber terminado brillantemente sus estudios en la Escuela de Hostelería de Barcelona.

La conocí el verano pasado durante mi última estancia en Málaga, a donde suelo ir por lo menos una vez al año, durante la vacaciones.

Desearía con toda el alma que pudieras estar ese día entre nosotros, e incluso que pasaras a continuación unos días en nuestra casa. Estoy seguro de que mi querida Anita te gustará, y de que en seguida os haréis buenísimas amigas.

Espero con impaciencia tu respuesta, para saber qué día y a qué hora tendré el placer de recogerte en la estación.

Recibe un abrazo y un beso muy fuerte de los dos

Liebe Tante Pilar!

Mit einem Gefühl der Freude, das Du mir leicht nachempfinden kannst, zeige ich Dir meine auf den 31. März festgesetzte Hochzeit an.

Meine Verlobte ist, ebenso wie ich, im Hotelgewerbe tätig. Nachdem sie die Hotelfachschule in Barcelona mit bestem Erfolg absolviert hat, ist sie zur Zeit Empfangssekretärin in einem Grandhotel in Málaga.

Ich habe sie während meines letzten Aufenthaltes im Sommer in Málaga kennengelernt, wohin ich jedes Jahr mindestens einmal während des Urlaubs fahre.

Es ist mein sehnlicher Wunsch, Du könntest an jenem Tag bei uns sein und anschließend sogar ein paar Tage bei uns bleiben. Ich bin sicher, daß meine liebe Anita Dir gefallen wird, und daß Ihr schnell enge Freundschaft miteinander schließen werdet.

Mit Ungeduld erwarte ich Deine Antwort, um zu erfahren, an welchem Tage und zu welcher Zeit ich die Freude haben werde, Dich vom Bahnhof abzuholen.

Es küssen und grüßen Dich sehr herzlich

6. Mitteilung eines Todesfalles

(Antwort s. Brief 18, 19, 20)

Querido Manolo:

Con seguridad, te apenará recibir la noticia del fallecimiento de mi querida madre. Como sabes, llevaba ya varios meses enferma, sin esperanza de mejo-

Lieber Manolo!

Sicher wird es schmerzlich für Dich sein, die Nachricht vom Tode meiner lieben Mutter zu erhalten. Wie Du weißt, war sie bereits einige Monate

ra. La pobre ha sufrido mucho, y en medio del dolor que todos sentimos, nos queda el consuelo de que hayan concluido sus indecibles dolores.

El entierro tendrá lugar el próximo jueves, a las 16,30, en el cementerio del Oeste. El funeral se celebrará el viernes a las once en nuestra parroquia de San Miguel.

Te saluda cordialmente

krank ohne Hoffnung auf Besserung. Die Arme hat viel gelitten, jedoch bleibt uns in unserem Schmerz der Trost, daß ihre unsäglichen Schmerzen nun vorüber sind.

Die Beerdigung ist am kommenden Donnerstag um 16.30 Uhr im Westfriedhof. Die Trauerfeier findet am Freitag um 11.00 Uhr in unserer Pfarrkirche San Miguel statt.

Mit herzlichen Grüßen

7. Glückwunsch an Freunde zur Geburt eines Kindes

(Antwort s. Brief 23)

Queridos amigos:

Con gran alegría he recibido la noticia del nacimiento de vuestra pequeña Marisa. De seguro que estaréis locos de alegría.

Espero que la feliz mamá se encontrará lo mejor posible, y que en breve se hallará completamente restablecida.

Tengo la intención de visitaros próximamente, para tener la alegría de pasar un buen rato con vosotros y poder admirar a vuestra hijita.

Con saludos cordiales y nuestra enhorabuena también a los felices abuelos, recibid un abrazo muy fuerte de vuestros amigos.

Liebe Freunde!

Hocherfreut habe ich die Nachricht von der Geburt Eurer kleinen Marisa erhalten. Ihr müßt sehr glücklich sein.

Ich hoffe, daß es der Mama den Umständen entsprechend gut geht, und daß sie in Kürze völlig wiederhergestellt sein wird.

Ich gedenke, Euch demnächst zu besuchen, um die Freude zu haben, eine Weile bei Euch zu sein und Eure kleine Tochter bewundern zu können.

Mit herzlichen Grüßen und unseren Glückwünschen auch an die glücklichen Großeltern, seid umarmt von Euren Freunden.

8. Glückwünsche zur Verlobung

(Antwort s. Brief 24)

Distinguida Señorita Larreta:

Acabo de leer en “La Vanguardia” la participación de su petición de mano y me apresuro a escribirle para expresar-

Sehr geehrtes Fräulein Larreta!

Ich habe eben in der „Vanguardia“ die Anzeige Ihrer Verlobung gelesen und mußte Ihnen einfach sofort schrei-

le mis mejores votos para el futuro. Ya le he comunicado la noticia a mi hermana, y me imagino que pronto recibirá su enhorabuena.

Con mis deseos más sinceros para usted y para su prometido, reciba un cordial saludo de

ben, um Ihnen meine besten Wünsche für die Zukunft auszusprechen. Ich habe meiner Schwester die Neuigkeit schon erzählt, und ich nehme an, Sie werden bald von ihr hören.

Mit herzlichen Glückwünschen für Sie und Ihren Verlobten,

Ihr

9. Glückwünsche zur Hochzeit eines Freundes

(Antwort s. Brief 25)

Querido amigo:

Con gran sentimiento mío, me ha sido imposible asistir a tu boda. De buenísima gana hubiera estado presente en la ceremonia. Hubiera tenido el placer de darte un apretón de manos y de saludar a tu querida esposa.

Espero que esta carta te hará, en cierta medida, olvidar mi ausencia.

Con un cordial saludo y los mejores deseos, que hago extensivos a tu esposa

te abraza

P. D.

¿Qué os falta aún entre los muchos regalos que habréis recibido? Yo había pensado en unos gemelos de teatro; espero que nadie se me haya adelantado . . .

Lieber Freund!

Zu meinem großen Bedauern konnte ich zu Deiner Hochzeit nicht kommen. Ich wäre wirklich sehr gerne bei der Feierlichkeit dabeigewesen. Ich hätte die Freude gehabt, Dich zu beglückwünschen und Deiner Frau meine Aufwartung zu machen.

Ich hoffe, daß mein Brief Dich in gewisser Hinsicht meine Abwesenheit vergessen läßt.

Mit einem herzlichen Gruß und den besten Wünschen, auch für Deine Frau

umarmt Dich

P. S. Was fehlt Euch noch nach den vielen Geschenken, die Ihr bekommen habt? Ich dachte an ein Opernglas und hoffe, daß niemand mir zuvorgekommen ist.

10. Glückwünsche zur Hochzeit einer Bekannten

Muy estimada señorita Sánchez:

Con motivo de su boda, reciba la felicitación más cordial y los mejores deseos para el futuro en compañía de su querido esposo.

Sehr verehrtes Fräulein Sánchez!

Nehmen Sie zu Ihrer Hochzeit meinen herzlichsten Glückwunsch und die besten Wünsche für die Zukunft in Gemeinschaft mit Ihrem lieben Gatten entgegen.

Encantado asistiría a su boda y al cóctel, pero precisamente un día antes salgo en avión para Buenos Aires, donde participaré en un congreso de Medicina. No sabe cuánto lo siento.

A mi regreso, le prometo una visita para tener el placer de saludarla y conocer a su marido. A ver si encuentro en América un regalo que les guste . . .

Con el mayor afecto

Mit Vergnügen würde ich an Ihrer Hochzeit und dem Cocktail teilnehmen, aber gerade einen Tag vorher fliege ich nach Buenos Aires, wo ich an einem Kongreß für Medizin teilnehmen werde. Ich kann gar nicht sagen, wie leid mir das tut.

Ich verspreche Ihnen, Sie nach meiner Rückkehr zu besuchen um das Vergnügen zu haben, Sie zu begrüßen und Ihren Gatten kennenzulernen. Vielleicht finde ich in Amerika ein Geschenk, das Ihnen gefällt . . .

Herzlichst

11. Glückwünsche zum Geburtstag einer Bekannten

(Antwort s. Brief 26)

Mi querida amiga:

La fecha de su cumpleaños me depara ocasión para escribirle y desearle lo mejor, y que cumpla muchos más.

No sabe lo que recuerdo los días que pasamos juntas en la Sierra, donde tuve la gran alegría de conocerla y donde tan buenas amigas nos hicimos. A ver si volvemos a pasar juntas una temporadita de descanso, aunque ya la edad se encarga de frenar planes . . .

Sea como sea, con motivo de su cumpleaños le reitero mi más cordial felicitación y los deseos más cordiales de salud y bienestar.

Suya

Meine liebe Freundin!

Ihr Geburtstag bietet mir Gelegenheit, Ihnen zu schreiben und Ihnen das Allerbeste für noch viele Jahre zu wünschen.

Sie können sich nicht vorstellen, wie oft ich mich an die Tage erinnere, die wir zusammen in der Sierra verbracht haben, wo ich die große Freude hatte, Sie kennenzulernen und wo wir zu so guten Freundinnen geworden sind. Vielleicht können wir wieder einmal einen kleinen Urlaub zusammen verbringen, auch wenn das Alter bereits beginnt, Pläne zu durchkreuzen . . .

Wie dem auch sei, nochmals meinen herzlichsten Glückwunsch und die besten Wünsche für Gesundheit und Wohlergehen.

Ihre

12. Glückwünsche zum Geburtstag eines Freundes

¡Hola, Pepe!

La fecha de tu cumpleaños no la paso por alto; ¡qué más quisieras...! Sí, amigo, un añito más, y qué pronto llega; a este paso, nos hacemos viejos sin enterarnos... Pero, como decía aquel optimista, no somos cada vez más viejos, sino más maduros. Cada uno se consuela como puede, ¿no?

Bueno, chico, no quiero seguir filosofando. Que lo celebres como es de rigor, y que sea eso, por muchos años. Te prometo brindar en tu honor, y lo que siento es no poder hacerlo contigo. Pero pronto nos veremos, y entonces celebraremos tu cumpleaños y el mío, que está al caer también.

Un abrazo muy fuerte

Hallo, Pepe!

Deinen Geburtstag werde ich nicht übergehen; das hättest Du wohl gern! Ja, mein Freund, so schnell ist wieder ein Jahr vergangen; so werden wir alt, ohne es zu merken... Aber, wie sagte schon jener Optimist, wir werden nicht älter, sondern reifer. Jeder tröstet sich, wie er kann, oder?

Nun, ich will nicht weiter philosophieren. Feiere Deinen Geburtstag wie es sich gehört, und so soll es sein, noch viele Jahre. Ich verspreche Dir, auf Dein Wohl anzustoßen, und es tut mir wirklich leid, daß ich dies nicht mit Dir tun kann. Aber wir sehen uns bald, und dann feiern wir Deinen Geburtstag und meinen, der auch bald fällig ist.

Ich umarme Dich ganz herzlich

13. Glückwünsche zum 80. Geburtstag eines Herrn

Muy estimado señor Estrada:

¿Me permite expresarle los más sinceros votos de felicidad con ocasión de su octogésimo aniversario? Pocas personas alcanzan una edad tan avanzada, y sólo algunas de entre ellas pueden echar una mirada retrospectiva a una existencia tan coronada de éxitos como la suya. Le deseo de corazón muchos años en felicidad y perfecto estado de salud.

Reciba un saludo afectuoso.

Suyo afmo.

Sehr geehrter Herr Estrada!

Darf ich Ihnen zu Ihrem 80. Geburtstag meine herzlichsten Glückwünsche aussprechen? Nicht viele Menschen erreichen ein so vorgerücktes Alter, und nur wenige davon können auf ein so erfolgreiches Leben wie das Ihre zurückblicken. Ich hoffe aufrichtig, daß Sie noch viele Jahre in Glück und Gesundheit erleben.

Ihr sehr ergebener

14. Glückwünsche zum Namenstag eines Freundes

Querido Pepe:

Aunque va pasando de moda felicitar el santo, el tuyo es tan popular, que no puede pasarse por alto. Te deseo lo mejor en el día de tu onomástico. Que tu santo patrón, San José, te sea propicio. ¡Muchas felicidades y un abrazo!

Tuyo

Lieber Pepe!

Auch wenn es immer mehr aus der Mode kommt, zum Namenstag zu gratulieren, Deiner ist so bekannt, daß man ihn nicht übergehen kann. Ich wünsche Dir das Beste zu Deinem Namenstag. Möge Dir Dein Namenspatron, der Hl. Joseph, gewogen sein. Herzliche Glückwünsche und Grüße,

Dein

15. Glückwünsche zu Weihnachten und Neujahr

(Antwort s. Brief 27)

Queridos tíos:

La proximidad de las fiestas navideñas vuelve a hacer el milagro de que venza la pereza y eche mano de la pluma para desearos lo mejor que podáis imaginar. ¿Pasarán con vosotros las fiestas Paco y Lola? Ya sé que tía ha estado algo delicada últimamente, y estoy seguro de que le haría ilusión la compañía de mis queridos primos.

A todos os deseamos Felices Navidades y un próspero y venturoso Año Nuevo. Ante todo, salud, que es lo más precioso del mundo.

Un fuerte abrazo de vuestros sobrinos

Liebe Tante, lieber Onkel!

Das kommende Weihnachtsfest vollbringt wieder das Wunder, daß ich meine Faulheit überwinde und die Feder zur Hand nehme, um Euch das Beste zu wünschen, das Ihr Euch nur vorstellen könnt. Werden Paco und Lola die Festtage bei Euch verbringen? Ich weiß, daß die Tante in letzter Zeit etwas kränklich war, und ich bin sicher, daß sie sich auf die Gesellschaft meines lieben Vetters und meiner lieben Cousine freuen wird.

Wir wünschen Euch allen frohe Weihnachten und ein glückliches neues Jahr. Vor allem Gesundheit, was das Schönste auf der Welt ist.

Es umarmen Euch Eure Nichte und Euer Neffe

16. Glückwünsche zur bestandenen Prüfung

(Antwort s. Brief 33)

Mi querida, inolvidable Raquel:

Me he enterado por tu mamá de que has pasado con notas extraordinarias

Meine liebe, unvergessene Raquel!

Ich habe über Deine Mutter erfahren, daß Du Dein Magisterexamen mit

los exámenes de Magisterio. No sabes la alegría que siento al ver que, después de tan duros años de estudios, puedes arrinconar los libros y empezar a organizarte el futuro. Aunque muchos dicen que las perspectivas profesionales son pésimas, estoy convencida de que no tendrás problemas a este respecto, ya que tus notas y tus aptitudes serán la mejor recomendación.

¿Te acuerdas de los años de colegio que pasamos juntas? Quién iba a pensar que con los años te convertirías en una "profe". Enhorabuena, chica, y que tengas alumnos tan aplicados como tú; de mí, prefiero no hablar, ya sabes por qué . . .

Recibe un millón de besos

sehr guten Noten bestanden hast. Du kannst Dir nicht vorstellen wie ich mich freue, daß Du nach so harten Studienjahren die Bücher in die Ecke stellen kannst und nun Deine Zukunft organisieren wirst. Auch wenn man sagt, daß die Berufsaussichten sehr schlecht sind, bin ich überzeugt, daß Du in dieser Hinsicht keine Probleme haben wirst, da Deine Noten und Deine Fähigkeiten die beste Empfehlung sind.

Erinnerst Du Dich noch an die Jahre in der Schule, die wir zusammen verbrachten? Wer hätte gedacht, daß mit den Jahren aus Dir eine Lehrerin werden würde. Herzlichen Glückwunsch, Mädchen, hoffentlich hast Du einmal so fleißige Schüler, wie Du es warst; von mir will ich lieber nicht sprechen, Du weißt schon, warum . . .

Tausend Küsse

17. Glückwünsche zu einer Auszeichnung

Mi querido amigo:

Ayer leí en el periódico que te han concedido la Gran Cruz de Alfonso el Sabio.

Permíteme, con tal ocasión, que te exprese mi felicitación más sincera. Me siento verdaderamente dichoso por esta recompensa, pues creo que la has merecido de veras.

Con cordiales saludos a tu mujer, quien se sentirá orgullosa de "Su Ilustrísima", queda tuyo

Mein lieber Freund!

Gestern habe ich in der Zeitung gelesen, daß man Dir das „Großkreuz Alfons' des Weisen" verliehen hat.

Gestatte mir, Dir aus diesem Anlaß meine aufrichtigen Glückwünsche zu übermitteln. Ich bin wirklich sehr glücklich über diese Auszeichnung, denn ich glaube, daß Du sie wirklich verdient hast.

Mit herzlichen Grüßen an Deine Frau, die sehr stolz auf „Ihre Exzellenz" sein wird.

Dein

18. Beileid zum Tod der Mutter eines Freundes

(Antwort s. Brief 28, 30)

Mi querido José Manuel:

Acabo de llegar de viaje, y me encuentro con tu carta del 20 de junio ppdo., en la que me comunicas la dolorosa noticia de la muerte de tu madre. Te acompaño en tu sentimiento, y te ruego expreses mi más sentido pésame a tu padre y hermanos.

Me imagino lo que habréis pasado últimamente, y cómo sentiréis el vacío que ha dejado tu madre; quienes tuvimos la dicha de conocerla de cerca, sabemos que su muerte ha sido una pérdida irremplazable. Ni que decir tiene que, si en algo os puedo servir de ayuda, estoy a vuestra disposición.

Te saluda cordialmente

Mein lieber José Manuel!

Ich komme gerade von einer Reise zurück und finde Deinen Brief vom 20. Juni, in dem Du mir die traurige Mitteilung vom Tode Deiner Mutter machst. Ich spreche Dir mein Beileid aus und bitte Dich, auch Deinem Vater und Deinen Geschwistern mein Mitgefühl auszudrücken.

Ich kann mir vorstellen, was Ihr in letzter Zeit durchgemacht habt und wie sehr Ihr die Lücke spüren werdet, die Deine Mutter gelassen hat; wer das Glück hatte, sie näher zu kennen, weiß, daß ihr Tod ein unersetzlicher Verlust ist. Ich brauche wohl nicht zu sagen, daß ich zu Eurer Verfügung stehe, wenn ich Euch irgendwie helfen kann.

Mit herzlichen Grüßen

19. Beileid zum Tod des Ehemanns

Estimada Sra. de Iríbar:

La noticia del fallecimiento de su esposo me ha llegado al alma. Siempre sentí por él un respeto y una estima extraordinarios, y mantendré vivo el agradecido recuerdo de un incomparable maestro y amigo, sin cesar preocupado por los problemas e interesado por los proyectos de sus alumnos.

Si dolorosa ha sido la pérdida para nosotros, cuánto más lo será para Vd. De todo corazón le deseo fuerzas para sobreponerse a tan dura prueba, y le expreso mi más sentida condolencia.

Suyo

Sehr geehrte Frau Iríbar!

Die Nachricht vom Tode Ihres Mannes hat mich in der Seele getroffen. Ich habe ihn immer sehr geachtet und außerordentlich geschätzt und werde ihn dankbar in Erinnerung behalten als einen unvergleichlichen Lehrmeister und Freund, der sich stets um die Probleme seiner Schüler kümmerte und sich für ihre Pläne interessierte.

Wenn schon für uns der Verlust schmerzlich ist, um wieviel mehr wird er es für Sie sein. Ich wünsche Ihnen von ganzem Herzen die Kraft, über diese so schwere Prüfung hinwegzukommen, und ich spreche Ihnen hierzu mein tiefempfundenes Mitgefühl aus.

Ihr

20. Beileid zum Tod der Ehefrau

Mi querido Julio:

He quedado consternado al enterarme de la triste noticia de la muerte de tu queridísima Paquita. Aunque sabía que estaba enferma de cierta gravedad, jamás podía suponer que iba a fallecer tan joven. Me imagino el dolor que sentirás por tan sensible pérdida, y quiero decirte que estoy a tu lado y comparto tu tristeza. Paquita era una persona encantadora, siempre pendiente de los demás, incluso cuando apenas podía ayudarse a sí misma. El vacío que ha dejado lo sentiremos todos, pero especialmente tú y tus hijos.

No se me ocurre decirte más. Unicamente que os acompaño en vuestro dolor.

Cordialmente tuyo

Mein lieber Julio!

Mit Bestürzung habe ich die traurige Nachricht vom Tode Deiner geliebten Paquita erhalten. Auch wenn ich wußte, daß sie ziemlich schwer erkrankt war, so konnte ich doch nicht ahnen, daß sie so jung schon sterben würde. Ich kann mir vorstellen, welches Leid Dir dieser schmerzliche Verlust zufügt, und ich möchte Dir sagen, daß ich an Deiner Seite bin und Deine Trauer teile. Paquita war eine liebenswerte Person, immer auf andere bedacht, selbst dann noch, als sie sich kaum noch selbst helfen konnte. Die Lücke, die sie gelassen hat, werden wir alle fühlen, aber besonders Du und Deine Kinder.

Mehr kann ich Dir nicht sagen. Nur, daß ich Euch in Eurem Schmerz begleite.

Herzlichst Dein

21. An eine Freundin, deren Mutter erkrankt ist

(Antwort s. Brief 31)

Queridísima Montse:

Al llegar de vacaciones, me he enterado por mi vecina doña Teresa de que tu mamá se halla internada en una clínica desde hace más de una semana.

Espero que el estado de salud de tu mamá haya mejorado entretanto y se encuentre ya en vías de restablecimiento. Salúdala de mi parte, y dile que le deseo una rápida y completa recuperación.

Con los mejores deseos también para ti, recibe un beso muy fuerte.

Tuya siempre

Meine liebe Montse!

Als ich aus dem Urlaub zurückkam, habe ich von meiner Nachbarin Theresa erfahren, daß Deine Mutter seit mehr als einer Woche im Krankenhaus ist.

Ich hoffe, daß sich inzwischen der Gesundheitszustand Deiner Mutter gebessert hat und sie sich auf dem Wege der Genesung befindet. Grüße sie von mir und sage ihr, daß ich ihr eine schnelle und völlige Wiederherstellung wünsche.

Mit den besten Wünschen, auch für Dich, mit einem dicken Kuß,

immer Deine

22. An einen Bekannten, der einen Unfall erlitten hat

(Antwort s. Brief 32)

Estimado Sr. Arroyo:

La noticia del accidente del que Vd. ha sido víctima nos ha conmovido, y esperamos que no haya sido de gravedad. Está visto que las calles de la ciudad son sumamente peligrosas, y que nadie está seguro en ellas, ni siquiera un ciclista tan avezado como Vd.

Mi mujer y yo le deseamos que mejore rápida y enteramente y pueda abandonar la clínica cuanto antes, para reanudar nuestras partidas de ajedrez de sobremesa. Si se me tercia, paso dentro de unos días a hacerle una visita, pero no se lo puedo prometer con seguridad.

Con los mejores deseos, reciba un saludo cordial.

Suyo

Sehr geehrter Herr Arroyo!

Die Nachricht von dem Unfall, dessen Opfer Sie geworden sind, hat uns sehr bewegt und wir hoffen, daß Sie nicht schwer verletzt sind. Es ist offensichtlich, daß die Straßen der Stadt höchst gefährlich sind und daß niemand sicher ist, nicht einmal ein so erfahrener Radfahrer wie Sie.

Meine Frau und ich hoffen, daß Sie schnell wieder ganz gesund sind und das Krankenhaus baldmöglichst wieder verlassen können, damit wir unsere Schachpartien nach Tisch wieder aufnehmen können. Wenn sich die Gelegenheit ergibt, werde ich Sie in einigen Tagen besuchen, aber ich kann es Ihnen nicht sicher versprechen.

Mit den besten Wünschen und herzlichen Grüßen.

Ihr

23. Dank für Glückwünsche zur Geburt eines Kindes

(Antwort auf Brief 7)

Querido Ignacio:

Te quedo muy agradecido por tu carta y por tus buenos deseos. Naturalmente, estamos entusiasmados con la nena, ¡aunque haya conseguido poner todo patas arriba en casa! Nina y yo desearíamos que Marisa y tú pudiérais venir a verla. ¡Si tenéis ocasión de acercaros a Madrid, no dejéis de telefonearnos! ¡Nos alegraría infinito volver a veros!

Con nuestros mejores deseos para los dos, recibid un saludo cariñoso de

Mein lieber Ignacio!

Vielen Dank für Deinen Brief und Deine guten Wünsche. Wir sind natürlich begeistert von der Kleinen, auch wenn sie es schon geschafft hat, den ganzen Haushalt um sich herum umzukrempeln! Nina und ich wünschten, Marisa und Du könntet kommen und sie sehen. Wenn Ihr Gelegenheit habt, nach Madrid zu kommen, ruft uns doch an! Wir würden Euch so gern wiedersehen.

Mit unseren besten Wünschen für Euch beide seid herzlich gegrüßt von

24. Dank für Glückwünsche zur Verlobung

(Antwort auf Brief 8)

Muy estimado Julio:

Muchísimas gracias por tu carta y por tus buenos deseos. Todo se ha sucedido con bastante rapidez. Paco y yo hemos decidido casarnos el mes que viene, de manera que no nos queda mucho tiempo para los preparativos. La razón es que Paco ha aceptado un empleo en Suiza por un año, y tiene que estar el 15 de septiembre en Lausana . . ; naturalmente, yo quiero ir con él.

He recibido carta de Mari Luz, a la que contesto hoy mismo. Espero que podremos veros a los dos antes de nuestra partida. Caso de no poder hacerlo, hay que tener presente que un año no es tan largo, y Paco y yo nos alegramos ya de volver a veros a nuestro regreso.

En espera de ello, recibid nuestros cordiales saludos.

Vuestra

Lieber Julio!

Vielen Dank für Deinen Brief und Deine guten Wünsche. Es kam alles ziemlich plötzlich. Paco und ich wollen im nächsten Monat heiraten, und es bleibt uns nicht viel Zeit für Vorbereitungen, denn er hat für ein Jahr eine Stellung in der Schweiz angenommen und muß am 15. Sept. in Lausanne sein – und ich will natürlich mit ihm fahren!

Von Mari Luz habe ich einen Brief bekommen und schreibe ihr gleich heute. Ich hoffe, wir sehen Euch beide, bevor wir abfahren. Falls doch nicht, ist ja ein Jahr auch nicht so schrecklich lang, und Paco und ich freuen uns auf ein Zusammentreffen gleich nach unserer Rückkehr.

In dieser Erwartung verbleiben wir mit herzlichen Grüßen

Eure

25. Dank für Glückwünsche zur Hochzeit

(Antwort auf Brief 9)

Querido Manolo:

Por tu carta, te quedamos sinceramente agradecidos. Ya había pensado que la noticia te sorprendería. Pero todo se sucedió con cierta precipitación, lo que explica que no te hubiera puesto al corriente con antelación.

Eres muy amable en proponer un regalo de boda. Nos gustaría tener un despertador de viaje, porque aparte de los

Lieber Manolo!

Vielen herzlichen Dank für Deinen Brief. Ich hatte mir schon gedacht, daß die Nachricht Dich überraschen wird! Aber es kam alles ein bißchen plötzlich, und das ist die Erklärung dafür, daß ich Dir vorher nichts mitgeteilt hatte.

Es ist sehr freundlich von Dir, ein Hochzeitsgeschenk vorzuschlagen, und wir hätten sehr gern einen Reisewek-

de pulsera, no tenemos en casa ningún reloj.

Espero que nos vendrás a ver una vez que nos hallemos completamente instalados en nuestro piso ...; ¿qué tal el mes que viene?

Esperando tu respuesta, recibe nuestros mejores saludos y un fuerte abrazo.

Tuyo

ker, da wir außer unseren Armbanduhren keine Uhr im Hause haben.

Ich hoffe, Du wirst uns besuchen kommen, wenn wir uns in unserer Wohnung eingerichtet haben – vielleicht im nächsten Monat?

In Erwartung Deiner Antwort unsere besten Wünsche und Grüße.

Dein

26. Dank für Glückwünsche zum Geburtstag

(Antwort auf Brief 11)

Muy estimada Srta. Figueroa:

Le quedo sumamente agradecida por su carta y por su amable felicitación. También yo recuerdo con placer los días tan agradables que pasamos juntas en la Sierra, y guardo aún en la memoria los bellos paisajes que tan honda impresión me causaron entonces. ¡Quién pudiera ser todavía lo suficientemente joven, para poder ir allá de nuevo con usted!

Esperando que se encuentre bien en todos los aspectos, le saluda con todo afecto

Sehr geehrtes Fräulein Figueroa!

Vielen Dank für Ihren Brief und Ihre freundlichen Wünsche. Auch ich denke mit Freude an die schönen Tage, die wir zusammen in der Sierra verlebten, zurück, und ich habe eine lebhafte Erinnerung an die schöne und romantische Landschaft, die mich damals so beeindruckte. Ich wünschte, man wäre noch jung genug, um noch einmal mit Ihnen dorthin zu fahren!

Ich hoffe, es geht Ihnen in jeder Hinsicht gut.

Mit lieben Grüßen

27. Dank für Glückwünsche zum neuen Jahr

(Antwort auf Brief 15)

Estimado amigo:

Su carta de Navidad y Año Nuevo me ha causado honda satisfacción. Permítame que le exprese mi gratitud por

Lieber Freund!

Ihr Weihnachts- und Neujahrsbrief hat mich sehr gerührt. Erlauben Sie mir, Ihnen für Ihre freundlichen Wün-

sus buenos deseos. Me han hecho un bien inmenso. Le remito con la presente los míos, y desearía que los recibiera con tanta alegría como yo recibí los suyos. Espero que el año entrante será para usted muy dichoso, y que en él se realizarán todos sus deseos.

Con los mejores saludos

Suyo

sche zu danken. Sie haben mir unendlich gutgetan. Ich übermittele Ihnen nun meine und wünsche, daß Sie sich genauso darüber freuen, wie ich mich über Ihre gefreut habe. Ich hoffe, daß das kommende Jahr für Sie sehr glücklich wird, und daß alle Ihre Wünsche in Erfüllung gehen mögen.

Mit den besten Grüßen,

Ihr

28. Dank für Beileidsbezeigung eines Freundes

(Antwort auf Brief 18)

Querido Luciano:

Estoy en deuda contigo, pues todavía no he contestado a tu carta del 3 de octubre. Pero, ¿qué quieres? Ultimamente he andado bastante alicaído.

Se dice que a los verdaderos amigos se les reconoce en la desgracia. Yo no hubiera precisado tal prueba para estar seguro de ti. El testimonio de condolencia expresado en tu carta, ha contribuido a aminorar mi dolor.

Te lo agradezco de todo corazón, querido Luciano, y te reitero con la presente mi sincera amistad.

Lieber Luciano!

Ich bin etwas im Rückstand, da ich auf Deinen Brief vom 3. Oktober noch nicht geantwortet habe. Aber was soll ich machen? Ich bin in der letzten Zeit so verzweifelt gewesen.

Es heißt, daß man im Unglück die wahren Freunde erkenne. Ich brauchte diese Probe nicht, um Deiner sicher zu sein. Die Beileidsbezeigungen, die Dein Brief enthielt, haben meinen Schmerz gelindert.

Ich danke Dir von ganzem Herzen, lieber Luciano, und versichere Dich meiner aufrichtigen Freundschaft.

29. Dank für Beileidsbezeigung eines Bekannten

Estimado Sr. Massó:

Si entre las cartas que hemos recibido desde la muerte de nuestro hijo ha logrado alguna calmar nuestro dolor, con toda seguridad ha sido la de Vd. Muchísimas gracias, estimado Sr. Mas-

Sehr geehrter Herr Massó!

Wenn unter all den Briefen, die wir seit dem Tode unseres Sohnes erhalten haben, einer unseren Schmerz zu lindern vermochte, so war es Ihrer. Haben Sie Dank, sehr geehrter Herr Mas-

só, por no habernos olvidado en estos momentos tan tristes.

Pronto le escribiremos más detenidamente. De momento, nos sentimos demasiado desconcertados para poder decirle lo agradecidos que le estamos por las reconfortantes palabras que nos ha dirigido.

Con el testimonio de nuestro profundo agradecimiento, le reiteramos nuestra sincera amistad.

Cordialmente

só, daß Sie uns in dieser schweren Stunde nicht vergessen haben.

Wir werden Ihnen demnächst ausführlicher schreiben. Im Augenblick sind wir noch zu durcheinander, um Ihnen sagen zu können, wie dankbar wir Ihnen für die tröstenden Worte sind, die Sie an uns gerichtet haben.

Mit aufrichtigem Dank und freundlichen Grüßen,

herzlichst

30. Dank für Beileid zum Tod der Mutter

(Antwort auf Brief 18)

Querida Lolita:

No sabes cuánto te agradezco tu carta de pésame; ha sido un verdadero lenitivo en días de indecible dolor. Bien sabes lo que mamá significaba para mí. Decirte que ha dejado un vacío en nuestra familia, tal vez resulte banal; nunca hubiera imaginado cuánto se siente una pérdida como la que hemos experimentado en casa.

Todos te agradecemos la expresión de tu condolencia y la disposición a ayudarnos. Cuando me encuentre más animada, volveré a ponerme en contacto contigo para vernos y reanudar nuestros encuentros.

Con saludos de papá y de mis hermanos, recibe un beso muy fuerte de

Liebe Lolita;

Du weißt nicht, wie sehr ich Dir für Deinen Beileidsbrief danke; er war mir in diesen Tagen unsäglichen Schmerzes eine wahre Linderung. Du weißt sehr gut, was Mama für mich bedeutete. Zu sagen, daß sie eine Lücke in unserer Familie hinterlassen hat, klingt vielleicht banal; ich habe mir nie vorstellen können, wie sehr man einen Verlust wie diesen, der unserem Hause eben zugefügt wurde, spürt.

Wir alle danken Dir für Dein Mitgefühl und die Bereitschaft, uns zu helfen. Wenn ich wieder dazu in der Lage bin, werde ich mich wieder mit Dir in Verbindung setzen, damit wir uns sehen können und unsere Treffen wiederaufnehmen.

Grüße von Papa und meinen Geschwistern und ein dicker Kuß von mir,

Deine

31. Dank für Anteilnahme an Erkrankung der Mutter

(Antwort auf Brief 21)

Queridísima Julita:

Un millón de gracias por tu cariñosa carta; has sido muy amable en escribirme. Me siento dichosa de poder decirte que mamá se encuentra ya mucho mejor y que pronto se hallará completamente restablecida. Al principio, estábamos todos muy preocupados, porque ha sido el tercer ataque y ya no es tan joven.

¿Cómo estáis vosotros? Ultimamente, nos hemos visto raras veces. Cuando mamá esté un poco más restablecida, tenéis que venir para pasar un día entero con nosotros.

Un cariñoso saludo para ti y Angel.

Tuya

Liebste Julita!

Vielen Dank für Deinen lieben Brief – es war sehr freundlich von Dir, mir zu schreiben. Ich freue mich, sagen zu können, daß es Mutter sehr viel besser geht und sie hoffentlich bald wieder ganz auf den Beinen ist. Zuerst waren wir alle sehr besorgt, da dies der dritte Anfall war, und sie ist nicht mehr so jung wie früher.

Wie geht es Euch allen? Wir haben uns in letzter Zeit selten gesehen. Wenn Mutter wieder etwas kräftiger ist, müßt Ihr herkommen und einen ganzen Tag mit uns verbringen.

Herzliche Grüße an Dich und Angel.

Deine

32. Dank für Anteilnahme anläßlich eines Unfalls

(Antwort auf Brief 22)

Muy estimado Sr. Ocaña:

Muchísimas gracias por su carta y por sus buenos deseos.

Me temo que gran parte de la culpa en el accidente haya sido mía. Pero, a pesar de todo (o precisamente por lo mismo), no sé si volveré a tener valor suficiente para montar en bicicleta. Sea como sea, con o sin bicicleta, iré a visitarles tan pronto como pueda andar de nuevo, para darle las gracias personalmente por su amabilidad (dentro de unos 15 días, según el doctor) y disputar una partida de ajedrez.

Con los deseos más cordiales

Liebe Herr Ocaña!

Ich danke Ihnen sehr für Ihren Brief und Ihre guten Wünsche.

Ich fürchte, an dem Unfall war ich weitgehend selbst schuld. Aber trotzdem (oder gerade deswegen) weiß ich nicht, ob ich jemals wieder den Mut habe, mich auf mein Fahrrad zu setzen! Doch ob nun mit oder ohne Rad – ich komme Sie besuchen, sobald ich wieder auf den Beinen bin, um mich persönlich für Ihre Freundlichkeit zu bedanken (das wird in etwa 14 Tagen sein, sagt der Arzt) und eine Partie Schach zu spielen.

Mit herzlichen Wünschen

33. Dank für Glückwünsche nach bestandenem Examen

(Antwort auf Brief 16)

Querido amigo:

Has tenido la amabilidad de escribirme para darme la enhorabuena por haber aprobado el examen de . . .

Tu gesto de simpatía me ha llegado al alma. Ha sido para mí un gran placer ver cuántos amigos se han sentido solidarios con mi éxito, y todas estas cartas tan cordiales me han sorprendido gratamente. La tuya, mi querido Pepe, me ha alegrado de manera especial.

Hasta la vista. Te saluda cordialmente

Lieber Freund!

Du hast mir geschrieben, um mich zu meinem bestandenen . . .examen zu beglückwünschen.

Dein Freundschaftsbeweis hat mich sehr gerührt. Es war sehr erfreulich für mich zu sehen, wie viele Freunde sich mit mir über meinen Erfolg gefreut haben, und diese vielen herzlichen Briefe haben mich überrascht. Deiner, mein lieber Pepe, hat mich ganz besonders erfreut.

Auf Wiedersehen. Es grüßt Dich sehr herzlich

34. Bitte um die Anschrift eines gemeinsamen Bekannten

Distinguido Sr. Ladreda:

Tendría sumo interés en ponerme en contacto con el Sr. Moliner, pero, desgraciadamente, se me ha extraviado su dirección. Si por suerte la tuviera Vd., ¿ sería tan amable en comunicármela? La última vez me escribió desde Gijón, pero, al parecer, se encontraba allí sólo de veraneo.

El asunto por el que debo escribirle es muy urgente. Por lo tanto, le quedaría sumamente reconocido si, caso de tener la dirección citada, me la comunicara lo antes posible.

Con gracias anticipadas, le saluda cordialmente

Sehr geehrter Herr Ladreda!

Es liegt mir sehr viel daran, mit Herrn Moliner in Verbindung zu treten, doch leider habe ich seine Adresse verlegt. Falls Sie sie zufällig haben, wären Sie so freundlich, sie mir zu schikken? Er schrieb mir zuletzt aus Gijón, war jedoch anscheinend nur im Urlaub dort.

Die Angelegenheit, in der ich ihm schreiben muß, ist dringend. Ich wäre Ihnen daher besonders dankbar, wenn Sie mir die Adresse, falls Sie sie haben, so bald wie möglich mitteilen könnten.

Mit bestem Dank im voraus

Ihr

35. Bitte um leihweise Überlassung einer Filmkamera

Muy estimado Sr. Ortiz:

Me dirijo hoy a Vd. con un ruego. Unos amigos me han rogado que les acompañe en una excursión a pie por el norte de Portugal y Galicia. Tenemos pensado iniciar la marcha a fines de mes, pasar fuera todo el tiempo de las vacaciones y regresar a fines de la primera semana de septiembre.

Como Vd. ya sabe, soy un gran aficionado al cine, y mi mayor placer en la excursión sería filmar en los distintos paisajes que recorreremos. Por desgracia, he tenido que mandar a reparar mi cámara tomavistas, y la firma no me la puede tener lista a tiempo. ¿Sería pedir demasiado el preguntarle si le es Vd. posible prestarme la suya? No necesito decirle que la trataré con el mayor cuidado, y nada más regresar se la devolveré. Por otra parte, comprendería totalmente que Vd. no pudiera prescindir de ella, especialmente durante el mes de agosto.

Sea como sea, espero que no considere mi ruego como un atrevimiento excesivo.

Sin más por la presente, reciba un cordial saludo.

Suyo afmo.

Lieber Herr Ortiz!

Ich wende mich heute mit einer Bitte an Sie. Einige Bekannte haben mich aufgefordert, mit ihnen eine Wanderung durch Nordportugal und Galicien zu unternehmen. Wir haben vor, Ende des Monats aufzubrechen, die ganze Ferienzeit über fort zu sein und am Ende der ersten Septemberwoche zurückzukehren.

Wie Sie wissen, bin ich ein Filmfan, und ein Hauptvergnügen bei der Wanderung wäre für mich, die Landschaften, durch die wir kommen, zu filmen. Leider mußte ich meine eigene Filmkamera zur Reparatur geben, und die Firma kann sie nicht rechtzeitig fertigmachen. Wäre es daher nicht zuviel verlangt, wenn ich Sie frage, ob Sie mir möglicherweise Ihre Filmkamera leihen könnten? Ich brauche kaum zu erwähnen, daß ich äußerst vorsichtig damit umgehen und sie, sobald ich zurück bin, zurückgeben würde. Andererseits könnte ich vollkommen verstehen, daß Sie sie nicht entbehren können, besonders den August über.

Jedenfalls hoffe ich, Sie finden meine Bitte nicht zu vermessen.

Das wär's für heute. Mit freundlichen Grüßen

Ihr

36. Bitte um ein Darlehen

(s. Brief 37, 38)

Muy estimado Señor Alvarado:

Hace algunos años, tuvo Vd. la amabilidad de ofrecerme su ayuda, y entonces fui lo suficientemente altivo para no

Sehr geehrter Herr Alvarado!

Vor Jahren waren Sie so freundlich, mir Ihre Hilfe anzubieten, und ich war damals zu stolz, sie anzunehmen. Doch

aceptarla. Sin embargo, su generosidad de entonces me inspira hoy valor para recurrir a Vd. con la pregunta de si le podría ser posible renovar su oferta.

La firma donde trabajaba hasta fines de marzo, se vio obligada a reducir la plantilla, y yo me encuentro entre los empleados despedidos. Hasta el momento, me ha sido imposible encontrar otro trabajo, y tenemos que amortizar algunás deudas, aparte de otras obligaciones que, naturalmente, jamás hubiera aceptado de haber sospechado siquiera que me iba a ver un día en la actual situación.

Abrigo esperanzas de que las cosas cambiarán en los próximos meses, y varios amigos me han prometido buscarme un empleo apropiado. No obstante, si le fuera posible ayudarnos a superar este difícil momento, no sé cómo le podría expresar nuestro agradecimiento. Si sólo tuviera que pensar en mí mismo, en modo alguno le hubiera importunado. Pero Vd. podrá imaginarse lo duro que es ver a la familia de pronto en una situación tan inesperada.

El recuerdo de su amabilidad de entonces me hace esperar que, en todo caso, no me tomará a mal el que le haya escrito solicitando su ayuda.

Cordialmente

Ihre damalige Großzügigkeit gibt mir jetzt den Mut, an Sie mit der Frage heranzutreten, ob es für Sie in Betracht kommt, Ihr Angebot zu wiederholen.

Die Firma, bei der ich bis Ende März gearbeitet habe, mußte Leute entlassen, und ich war unter den Betroffenen. Bisher habe ich nichts anderes finden können, und wir haben Schulden abzuzahlen und verschiedene andere Verpflichtungen, die ich natürlich nie eingegangen wäre, wenn ich auch nur im Traum daran gedacht hätte, daß ich jemals in meine jetzige Lage geraten könnte.

Ich habe die Hoffnung, daß sich die Lage innerhalb der nächsten Monate ändert, und verschiedene Freunde haben versprochen, sich nach einer geeigneten Stellung für mich umzusehen. Wenn Sie uns jedoch helfen könnten, die Zeit zu überbrücken, wäre ich Ihnen so dankbar, wie ich es gar nicht ausdrücken kann. Hätte ich nur an mich selbst zu denken, hätte ich Sie auf keinen Fall behelligt. Aber Sie werden sich vorstellen können, daß es hart ist, wenn man seine Familie einer so plötzlich und unerwartet veränderten Lage ausgesetzt sieht.

Die Erinnerung an Ihre Freundlichkeit in der Vergangenheit gibt mir das Gefühl, daß Sie mir jedenfalls nicht übelnehmen werden, daß ich jetzt an Sie schreibe.

Mit herzlichen Grüßen

37. Gewährung eines Darlehens

(s. Brief 36)

Muy estimado Sr. Olea:

He sentido mucho enterarme por su carta de la mala suerte que ha tenido.

Lieber Herr Olea!

Es tat mir leid, durch Ihren Brief zu erfahren, daß Sie solches Pech gehabt

Me temo que la subida del coste de la vida me impedirá poder hacer todo cuanto desearía para ayudarles a superar esta aciaga situación, pero espero que el cheque adjunto le permitirá cumplir los compromisos más urgentes.

Téngame, por favor, al corriente de la situación. Si me entero de algún puesto libre que pudiera interesarle, le informaré inmediatamente.

Con los mejores deseos, le saluda cordialmente,

Suyo

haben. Ich fürchte, die gestiegenen Lebenshaltungskosten hindern mich daran, so viel zu tun, wie ich gern möchte, um Ihnen über die Pechsträhne hinwegzuhelfen, aber ich hoffe, der beiliegende Scheck ist Ihnen eine Hilfe, Ihren unmittelbaren Verpflichtungen nachzukommen.

Halten Sie mich bitte auf dem laufenden darüber, wie es weitergeht. Falls ich irgend etwas über eine freie Stellung erfahre, die für Sie interessant sein könnte, werde ich es Ihnen mitteilen.

Mit besten Wünschen
Ihr

38. Ablehnung einer Bitte um ein Darlehen

(s. Brief 36)

Muy estimado Sr. Luque:

Con gran sentimiento he tenido noticia de la mala suerte que ha tenido, pero, desgraciadamente, no estoy en condiciones de acudir en su ayuda, pues mis ingresos personales no han seguido el ritmo de la subida de los precios. Siento en el alma no poder darle otra respuesta, y espero que pronto mejorará su situación. Si por mis relaciones comerciales me enterara de algo que pudiera interesarle, se lo comunicaría al punto, como es natural.

Cordialmente

Lieber Herr Luque!

Es tat mir leid, von Ihrem Pech zu erfahren, aber leider bin ich nicht in der Lage, Ihnen zu helfen, da mein eigenes Einkommen keineswegs mit dem Anstieg der Preise Schritt gehalten hat. Ich bedaure sehr, Ihnen keine andere Antwort geben zu können, und hoffe, daß sich die Umstände für Sie bald bessern. Wenn ich von Geschäftsfreunden irgend etwas höre, das für Sie interessant sein könnte, werde ich es Sie natürlich wissen lassen.

Mit freundlichen Grüßen

39. Empfangsbestätigung

Muy Sres. míos:

Con la presente acuso recibo de los prospectos que tuvieron la amabilidad de enviarme la semana pasada. Des-

Sehr geehrte Damen und Herren,

hiermit bestätige ich den Empfang der Prospekte, die Sie mir freundlicherweise letzte Woche zugeschickt hatten.

pués de tramitar una serie de encargos que tenemos pendientes, los estudiaré con detenimiento y les escribiré detalladamente. Entretanto, reciban la expresión de mi gratitud.

Les saluda cordialmente

Nach Erledigung einiger noch offener Angelegenheiten werde ich sie aufmerksam studieren und Ihnen ausführlich schreiben. In der Zwischenzeit danke ich Ihnen bestens und grüße Sie herzlichst.

40. Erinnerung an die Beantwortung eines Briefes

(Antwort s. Brief 59)

Estimado Sr. Rincón:

Me extraña no haber recibido todavía contestación a mi carta de hace ya casi dos semanas. Naturalmente, sería posible que se hallara ausente, o que se haya demorado la correspondencia por cualquier motivo. En todo caso, sentiría que la falta de contestación se debiera a motivos de salud. Pero, como Vd. sabe que el asunto de mi carta es bastante urgente, le quedaría muy reconocido si me contestara lo antes posible.

Muy agradecido de antemano

Sehr geehrter Herr Rincón,

es erstaunt mich, noch keine Antwort auf meinen Brief von vor fast zwei Wochen erhalten zu haben. Natürlich könnte es sein, daß Sie abwesend sind oder sich die Korrespondenz aus irgendwelchen Gründen verzögert hat. In jedem Fall täte es mir leid, wenn die Nichtbeantwortung gesundheitliche Gründe hätte. Aber da, wie Sie wissen, das Anliegen meines Briefes ziemlich dringend war, wäre ich Ihnen sehr dankbar, wenn Sie mir so bald wie möglich antworten würden.

Mit bestem Dank im voraus

41. Brief zu einem Geschenk

(s. Brief 56)

Mi querida Anita:

¡Felicidades en el día de tu cumpleaños! Te deseo que pases un día muy agradable y que sigan muchos años de ventura.

Adjunto a esta cartita un pequeño regalo de aniversario, que espero te gus-

Meine liebe Anita!

Herzlichen Glückwunsch zum Geburtstag! Ich hoffe, Du verlebst einen sehr schönen Geburtstag und noch viele glückliche Jahre.

Ich lege ein kleines Geburtstagsgeschenk mit ein, das Dir hoffentlich gefällt. Ich war mir nicht sicher, welche

tará. No estaba del todo segura de qué color te agradaría, y espero haber acertado en la elección.

De nuevo felicidades y mis mejores deseos para el futuro.

Con todo cariño

Farbe Dir gefallen würde, und hoffe nur, mit meiner Wahl das Richtige getroffen zu haben.

Nochmals Glückwünsche und meine besten Wünsche für die Zukunft.

In Liebe

42. Einladung zum Ferienaufenthalt

Hola, Luis Miguel:

Apenas han pasado las pascuas, y ya empieza uno a hacer planes para las vacaciones estivales; me gustaría saber cuáles son los tuyos. Si todavía no has hecho ninguno, ¿qué te parece venir a pasar en nuestra casa tres o cuatro semanas en agosto o en septiembre? A mis papás les encantaría volver a verte.

Mi pueblo no es nada del otro mundo, pero ofrece magníficas oportunidades para practicar la natación y hacer excursiones, siempre que tengas interés en ello, claro; y si te gusta ir al concierto o al teatro, Santander no queda lejos, y allí se celebran magníficos festivales de verano.

En todo caso, me alegraría infinito verte por aquí, y podría corresponderte por los días inolvidables que pasé hace dos años en tu casa.

Espero tener pronto noticias tuyas. Con un afectuoso saludo para toda tu familia. Te abraza muy fuerte

Hallo, Luis Miguel!

Kaum ist Ostern vorüber, beginnt man, an den Sommerurlaub zu denken, und ich möchte gern wissen, ob Du schon irgendwelche Pläne hast. Wenn nicht, hättest Du dann Lust, für drei oder vier Wochen im August oder September zu uns zu kommen? Meine Eltern würden sich sehr freuen, Dich zu sehen.

Unser Ort hier bietet nichts Besonderes, aber es gibt prächtige Gelegenheiten zum Schwimmen und Wandern, falls Du daran interessiert bist; und wenn Du Lust hast, ins Konzert oder Theater zu gehen – es ist nicht weit nach Santander, und dort finden herrliche Sommerfestspiele statt.

Jedenfalls würde ich mich freuen, Dich hier zu begrüßen, und würde mich gern für die unvergeßliche Zeit, die ich vor zwei Jahren bei Dir zu Hause verlebt habe, ein wenig erkenntlich zeigen.

Ich hoffe, bald von Dir zu hören. Mit einem herzlichen Gruß an Deine Familie umarmt Dich

43. Einladung zum Wochenendaufenthalt

(s. Brief 49, 50)

Hola, Manolita:

¿No te gustaría pasar con nosotros un par de días en el campo? Estamos ya completamente instalados, y nos encantaría enseñarte nuestra nueva casa y los alrededores. ¿Qué tal el próximo fin de semana? ¿O prefieres otro día? Mándanos una postal para saber cuándo te viene bien.

Un beso muy fuerte

Liebe Manolita!

Möchtest Du nicht ein paar Tage bei uns auf dem Land verbringen? Wir sind jetzt fertig eingerichtet und würden Dir gern unser neues Heim und die Gegend hier zeigen. Vielleicht am nächsten Wochenende? Oder wäre Dir eine andere Zeit lieber? Schreibe uns einfach eine Karte, damit wir wissen, wie es Dir am besten paßt.

Einen dicken Kuß

44. Einladung zum Besuch am Wochenende

Mi estimado Señor Gallo:

Sería maravilloso si le fuera posible venir a las regatas que tendrán lugar el 6 de julio. Invitamos a unos amigos a pasar con tal ocasión el fin de semana en nuestra casa, y nos encantaría que también pudiera venir Vd. Espero que tenga libres esos días.

Aguardando respuesta afirmativa, le saluda cordialmente

Suyo

Lieber Herr Gallo!

Es wäre sehr schön, wenn Sie mit uns zur Regatta am 6. Juli kommen könnten. Wir bitten ein paar Freunde, dann das Wochenende mit uns zu verbringen, und wären sehr erfreut, wenn Sie auch kommen könnten. Ich hoffe, Sie sind dann frei.

Mit herzlichen Grüßen
Ihr

45. Einladung zu einer Hausgesellschaft bzw. zum Abendessen

(s. Brief 47, 48)

Muy estimado Señor Cortés:

Hace tiempo que no sabemos nada de Vd., y mi marido y yo nos preguntamos qué le habrá ocurrido. ¿No está Vd. ya en Bilbao? En este caso, espero

Lieber Herr Cortés!

Wir haben schon lange nichts mehr von Ihnen gehört, und mein Mann und ich fragen uns, was wohl aus Ihnen geworden ist. Sind Sie jetzt nicht mehr in

que recibira esta cartá pese a todo. Desearíamos tenerle entre nosotros en la fiestecita que daremos el 18 de mayo. También vendrán los Redondo, y me parece recordar que la última vez lo pasó Vd. muy bien con ellos. Espero con ilusión que este año pueda Vd. también estar entre nosotros.

Hasta poderle saludar pronto,

Suya

bzw.

Desearíamos invitarle a cenar con nosotros el próximo 18 de mayo, que como sabe muy bien es nuestro aniversario de boda.

Bilbao? Wenn nicht, hoffe ich, dieser Brief erreicht Sie trotzdem, denn wir möchten Sie gern bei unserer Party am 18. Mai dabeihaben. Redondos kommen auch, und ich glaube mich zu erinnern, daß Sie sich letztes Mal recht gut mit ihnen verstanden haben. Ich hoffe sehr, Sie werden auch in diesem Jahr wieder bei uns sein können.

In der Hoffnung, Sie bald begrüßen zu können,

Ihre

Wir würden Sie gerne am 18. Mai zum Abendessen bei uns einladen, der, wie Sie wissen, unser Hochzeitstag ist.

46. Einladung zu einer Grillparty

(s. Brief 51)

Queridos Alfredo y Pepita:

El próximo sábado vamos a celebrar una barbacoa que pasará a la historia. ¿No os gustaría venir? Hemos invitado a unos cuantos amigos, casi todos conocidos vuestros, y estamos seguros de que lo pasaremos en grande.

La barbacoa tendrá lugar haga el tiempo que haga. De seguir como estos últimos días, naturalmente en el jardín; de lo contrario, medio fuera, medio dentro de casa. Lo importante es que vengáis con ganas de pasarlo bien.

Hasta pronto, un abrazo también de Luis.

Vuestra

Lieber Alfredo, liebe Pepita,

kommenden Samstag werden wir ein Grillfest feiern, das in die Geschichte eingehen wird. Habt Ihr keine Lust zu kommen? Wir haben ein paar Freunde eingeladen, beinahe alles Bekannte von Euch, und wir sind sicher, daß wir uns großartig amüsieren werden.

Das Grillfest findet bei jedem Wetter statt. Wenn es so bleibt, wie die letzten Tage, selbstverständlich im Garten; wenn nicht, halb drinnen, halb draußen. Wichtig ist nur, daß Ihr kommt und Lust und Laune mitbringt.

Bis bald, eine Umarmung auch von Luis,

Eure

47. Annahme einer Einladung zum Abendessen

(s. Brief 45)

Estimada Señora de Prieto:

Le quedo muy agradecido por su amable invitación para la cena del próximo jueves. Acudiré con mucho gusto, y me alegro ya de poder tener la satisfacción de saludarla a usted y a su esposo.

Con el mayor afecto

Liebe Frau Prieto!

Vielen Dank für Ihre freundliche Einladung zum Essen am Donnerstag. Ich komme sehr gern und freue mich darauf, Sie und Ihren Mann dann wiederzusehen.

Mit lieben Grüßen

Ihr

48. Ablehnung einer Einladung zum Abendessen

(s. Brief 45)

Estimada Señora de Prieto:

Siento en el alma no poder aceptar su invitación tan amable para cenar en su casa el próximo jueves. Hubiera ido encantado, pero le he prometido a mi sobrinita acompañarla al teatro, y como es su cumpleaños, me es imposible decepcionarla. Estoy seguro de que comprenderá mi situación.

En espera de poder tener el gusto de verla en otra ocasión, reciba un cordial saludo.

Suyo

Liebe Frau Prieto!

Es tut mir sehr leid, Ihre freundliche Einladung zum Essen am Donnerstag abend nicht annehmen zu können. Ich wäre sehr gern gekommen, aber ich habe versprochen, mit meiner kleinen Nichte ins Theater zu gehen, und da es ihr Geburtstag ist, darf ich sie wirklich nicht enttäuschen. Sie werden sicher Verständnis dafür haben.

Ich hoffe, bei einer anderen Gelegenheit das Vergnügen zu haben, Sie zu sehen und grüße Sie herzlich.

Ihr

49. Annahme einer Einladung zum Wochenende

(s. Brief 43)

Querido José Manuel:

Muchísimas gracias por vuestra gentil invitación. Con mucho gusto iré el próximo fin de semana. Puedo tomar el tren a las 17'15 y poco antes de las 19 estaré en vuestra casa, si os viene bien. Me alegro infinito de volver a veros.

Un abrazo

Lieber José Manuel!

Vielen Dank für Eure freundliche Einladung. Ich komme sehr gern am nächsten Wochenende. Ich kann den Zug um 17.15 erreichen und kurz vor 19.00 Uhr bei Euch sein, wenn Euch das recht ist. Ich freue mich riesig darauf, Euch wiederzusehen.

Herzlichst

50. Ablehnung einer Einladung zum Wochenende

(s. Brief 43)

Querido José Manuel:

Os agradezco la invitación a pasar con vosotros el fin de semana, pero últimamente no he andado muy bien y debo aprovechar cada fin de semana para descansar lo más posible. Siento enormemente no poder visitaros, pero quizás pueda resarcirme hacia finales del verano. Me encantaría volver a veros a los dos, y de buena gana desearía visitar vuestro nuevo domicilio.

Presenta mis respetos a tu esposa y recibe un abrazo de

Lieber José Manuel!

Es ist sehr freundlich von Euch beiden, mich zum Wochenende zu Euch einzuladen, aber in letzter Zeit war ich nicht ganz gesund und soll am Wochenende so viel wie möglich ruhen. Es tut mir wirklich außerordentlich leid, daß ich nicht zu Euch kommen kann, aber vielleicht wiederholt Ihr Eure Einladung gegen Ende des Sommers? Ich würde Euch beide sehr gern wiedersehen und Eure neue Wohnung kennenlernen.

Herzliche Grüße an Deine Frau und an Dich,

Dein

51. Verschiebung einer Einladung zur Grillparty

(s. Brief 46)

Queridos Begoña y Juanjo:

Lamento tener que comunicaros que nos es imposible aceptar vuestra cariñosa invitación a la barbacoa del próximo sábado. Resulta que el padre de Maite ha sufrido un ataque de apoplejía, y desde hace unos días se halla hospitalizado. Maite acudió en seguida para hacer compañía a su madre, y yo iré a Salamanca el viernes a mediodía, para pasar allí el fin de semana.

Como veis, so trata de circunstancias mayores, que no admiten alternativa. Pero si las cosas mejoran, habrá ocasión de recuperar la fiesta.

Entretanto, un abrazo de

Liebe Begoña, lieber Juanjo,

es tut mir leid Euch mitteilen zu müssen, daß es uns unmöglich ist, Eure liebenswürdige Einladung zum Grillfest am kommenden Samstag anzunehmen. Der Vater von Maite hatte einen Schlaganfall und ist seit einigen Tagen im Krankenhaus. Maite ist sofort zu ihrer Mutter gefahren, um bei ihr zu sein, und ich fahre nach Salamanca und verbringe das Wochenende dort.

Wie Ihr seht, sind das besondere Umstände, die keine Alternative erlauben. Aber wenn sich die Lage bessert, wird es Gelegenheit geben, das Fest nachzuholen.

Inzwischen herzlichst

52. Dank für einen Besuch

Querida Lola:

Espero que habrás llegado sin novedad a casa el domingo por la noche, y que el viaje no te haya resultado demasiado fatigoso.

Tu visita fue para nosotros una enorme alegría, y esta semana te hemos echado mucho de menos. Me da la sensación de que tú nos hiciste pasar días encantadores a nostros más que nosotros a ti. ¡Y, para colmo, no dejaste ocasión alguna de ayudar en lo que estaba de tu parte! Esperamos gozar pronto otra vez de tu compañía.

Recibe los saludos más cariñosos de Javier.

Te besa muy fuerte

Liebe Lola!

Ich hoffe, Du bist am Sonntag abend gut nach Hause gekommen und hast keine allzu ermüdende Reise gehabt.

Es war uns eine große Freude, Dich hier zu haben, und wir haben Dich in dieser Woche sehr vermißt. Wenn ich an Deinen Besuch zurückdenke, so kommt es mir vor, als hättest Du uns angenehmere Tage bereitet als wir Dir! Und Du hast auf jede mögliche Weise so kräftig mitgeholfen. Wir hoffen, daß Du bald wiederkommst.

Mit ganz herzlichen
Grüßen von Javier

küßt Dich

53. Dank für Gastfreundschaft von Bekannten

Muy estimada Señora de Calderón:

Entretanto, me encuentro de nuevo en mi casa de Berlín, y quiero escribirle para agradecerle cuanto antes la amabilidad y la hospitalidad que me dispensó durante mi estancia en Santander. Para mí, constituyó una indescriptible alegría el verme recibida por una familia tan amable, en vez de tener que contentarme con las atenciones dispensadas a los congresistas por el comité organizador, por muy buenas que éstas puedan ser.

Espero que alguna vez venga a Alemania, a fin de poder mostrarle un po-

Liebe Frau Calderón!

Jetzt bin ich wieder zu Hause in Berlin, und es drängt mich, Ihnen gleich zu schreiben, um Ihnen für all Ihre Freundlichkeit und Gastfreundschaft zu danken, die Sie mir während meines Aufenthalts in Santander erwiesen haben. Es war mir eine unaussprechliche Freude, von einer so liebenswürdigen Familie aufgenommen zu sein, statt mich mit den vom Organisationskomitee den Kongreßteilnehmern bezeigten Aufmerksamkeiten begnügen zu müssen, so schön und interessant das auch ist.

Ich hoffe, Sie kommen eines Tages nach Deutschland, so daß ich versu-

co de reconocimiento. (Tal vez el libro de fotografías que incluyo le anime a visitar esta hermosa ciudad en que yo vivo.)

Mis padres se unen a mi expresión de gratitud y le envían los saludos más cordiales.

Suya

chen kann, mich wenigstens etwas erkenntlich zu zeigen. (Vielleicht ist beiliegender Band mit Fotografien ein Anreiz für Sie, diese schöne Stadt zu besuchen, in der ich lebe.)

Meine Eltern schließen sich meinem herzlichsten Dank an und lassen Sie sehr herzlich grüßen.

Ihre

54. Dank für Gastfreundschaft von Freunden

Querida Charo:

Quisiera agradecerte a ti y a Pedro el cordial recibimiento que nos dispensasteis y la estancia tan agradable entre vosotros. Para nosotros fue un maravilloso "cambio de aires", y nos ha hecho mucho bien a los dos pasar un par de días fuera de Madrid. Esperamos que nos devolveréis pronto la visita. La ciudad no ofrece ocasión de relajarse como el campo, pero también tiene sus encantos.

Recibid un saludo cariñoso y los mejores deseos para los dos.

Con el mayor afecto

Liebe Charo!

Ich möchte Dir und Pedro sehr herzlich dafür danken, daß Ihr uns bei Euch aufgenommen und uns einen so angenehmen Aufenthalt bereitet habt. Es war für uns eine herrliche Luftveränderung und hat uns beiden unendlich gutgetan, mal ein paar Tage weg von Madrid zu sein. Wir hoffen, daß Ihr uns bald einmal besuchen kommt. Die Stadt bietet nicht die Möglichkeit zur Erholung wie das Land, aber sie hat auch ihren Reiz.

Liebe Grüße und die besten Wünsche für Eure Gesundheit und Euer Wohlergehen

Eure Euch sehr verbundenen

55. Dank bei Rücksendung eines geliehenen Buches

Mi estimado maestro y amigo:

Con esta fecha le devuelvo por paquete certificado la edición crítica de "La Celestina" que tuvo la amabilidad de prestarme.

Ha sido Vd. muy condescendiente conmigo, permitiéndome conservar el libro por tanto tiempo. Lo necesitaba

Mein lieber Freund und Meister!

Zusammen mit diesem Brief sende ich Ihnen per Einschreiben das Rezensionsexemplar der „Celestina", das ich von Ihnen geliehen hatte.

Es war wirklich liebenswürdig von Ihnen, mir dies Buch auf so lange Zeit zu leihen. Ich brauchte es unbedingt,

con urgencia, y sin su amabilidad me hubiera sido dificilísimo dar con un ejemplar tan largamente buscado. Le agradezco su prueba de simpatía.

No necesito decirle que tiene mi biblioteca a su entera disposición.

Con un afectuoso saludo

und ohne Ihre Gefälligkeit wäre es sehr schwierig gewesen, an ein so gesuchtes Exemplar zu kommen. Ich danke Ihnen, daß Sie so liebenswürdig waren.

Ich brauche Ihnen wohl nicht zu versichern, daß Ihnen meine Bibliothek zur Verfügung steht.

Mit bestem Gruß

56. Dank für ein Geschenk

(s. Brief 41)

Querida Maruja:

No sabes la alegría que me proporcionaste con tu precioso regalo de cumpleaños; francamente, no tengo palabras para expresarte mi profundo agradecimiento. En la elección has dado en el clavo, y hasta has adivinado mi color favorito. Una vez más, muchísimas gracias por tu atención.

Saluda muy cordialmente a Paco. Con un millón de besos

Liebe Maruja,

Du weißt nicht, was für eine Freude Du mir mit Deinem hübschen Geburtstagsgeschenk gemacht hast; ich habe einfach keine Worte, um Dir meinen tiefen Dank auszudrücken. Bei der Auswahl hast Du den Nagel auf den Kopf getroffen, und hast sogar meine Lieblingsfarbe erraten. Noch einmal vielen, vielen Dank für Deine Aufmerksamkeit.

Herzliche Grüße an Paco, und tausend Küsse

57. Dank für ein Hochzeitsgeschenk an einen Freund

Inolvidable Jaime:

Qué gusto has tenido en elegir el regalo con motivo de nuestra boda. Miguel y yo te recordamos cada día, al tomar el café en tu precioso servicio. Espero que uno de estos días tengas ocasión de acompañarnos. ¿Qué tal el próximo domingo?

Poco a poco nos vamos instalando en el piso, aunque me da la impresión de que no acabaremos de ponerlo todo co-

Unvergessener Jaime,

was für einen guten Geschmack hast Du bewiesen bei der Auswahl unseres Hochzeitsgeschenks. Miguel und ich denken jeden Tag an Dich, wenn wir aus Deinem wunderhübschen Service Kaffee trinken. Ich hoffe, daß Du demnächst Gelegenheit hast, uns dabei Gesellschaft zu leisten. Wie wäre es mit nächstem Sonntag?

Schön langsam richten wir uns in der Wohnung ein, obwohl ich den Ein-

mo sería nuestro deseo. Pero nos vamos convirtiendo, eso sí, en un matrimonio lo que se dice casero. Yo me paso todos los ratos libres cosiendo cortinas, y a Miguel se le da pero que muy bien el arte de rematar clavos.

Bueno, lo dicho. De nuevo muchísimas gracias por tu regalo. Y ya sabes, no tienes más que llamar para decirnos si vienes a comer con nosotros el próximo domingo, u otro día si te viniera mejor.

Hasta pronto, un cariñoso saludo de los dos.

Pili

druck habe, daß nicht alles so werden wird, wie wir es möchten. Aber wir sind dennoch dabei, uns in ein, wie man so sagt, häusliches Ehepaar zu verwandeln. Ich verbringe jede freie Minute damit, Vorhänge zu nähen, und Miguel ist sehr geschickt in der Kunst des Nägeleinschlagens.

Nun gut, es bleibt dabei. Nochmals ganz herzlichen Dank für Dein Geschenk. Du weißt ja, Du brauchst nur anzurufen um uns zu sagen, ob Du nächsten Sonntag zu uns zum Essen kommst, oder an einem anderen Tag, wenn Dir das besser passen sollte.

Bis bald, ein herzlicher Gruß von uns beiden,

Pili

58. Dank für Hilfe nach einem Unfall

Muy estimada Señora de Mateu:

Me apresuro a agradecerle la prueba de amistad que nos manifestó a mi mujer y a mí la semana pasada. Si no hubiera sido por Vd., no nos hubiéramos repuesto tan pronto de nuestro grave accidente.

Con nuestros saludos más cordiales y reiterándoles de nuestra gratitud,

Suyo

Sehr geehrte Frau Mateu!

Es drängt mich, Ihnen für die Freundlichkeit zu danken, die Sie meiner Frau und mir in der letzten Woche erwiesen haben. Wären Sie nicht gewesen, hätten wir uns kaum so schnell von unserem recht schweren Unfall erholt.

Mit freundlichen Grüßen und nochmals vielen Dank

Ihr

59. Entschuldigung wegen verspäteter Beantwortung eines Briefes infolge einer Reise

(s. Brief 40)

Muy estimado Señor Cerrato:

Le ruego que tenga a bien disculparme por no haber contestado antes a su última. Acabo de regresar de un viaje al extranjero, y me he encontrado con

Sehr geehrter Herr Cerrato!

Bitte entschuldigen Sie, daß ich Ihren Brief nicht eher beantwortet habe. Ich bin gerade von einer Auslandsfahrt zurückgekommen und fand Ihren Brief

su carta. Me ocuparé pormenorizadamente del asunto de que Vd. me habla, y le escribiré de nuevo dentro de unos días.

Reciba entretanto un cordial saludo

de

hier vor. Ich werde mich eingehend mit der von Ihnen erwähnten Angelegenheit befassen und werde Ihnen in einigen Tagen wieder schreiben.

Seien Sie inzwischen freundlich gegrüßt

von

60. Dasselbe infolge vieler Arbeit

Queridísima Carmen:

Sin cesar quiero escribirte, pero he tenido tantas cosas que hacer, que en los últimos meses no he escrito ni una sola carta. Te mando ahora un par de líneas para asegurarte de que mi silencio no significa que te haya olvidado o que nos haya ocurrido algo grave a alguno de nosotros. Espero poder entregar la tesis el mes próximo, y luego te escribiré una carta como Dios manda.

Entretanto, te envío muchos besos.

Liebe Carmen!

Ich will Dir schon ewig schreiben, aber ich habe so viel zu tun gehabt, daß ich in den letzten Monaten auch nicht einen einzigen Brief geschrieben habe. Ich sende Dir jetzt ein paar Zeilen, um Dir zu versichern, daß mein Schweigen nicht bedeutet, ich hätte Dich vergessen oder irgend jemandem von uns sei etwas Furchtbares passiert. Ich hoffe, im nächsten Monat meine Dissertation abzugeben, und schreibe Dir dann wirklich einen richtigen Brief.

Inzwischen viele Küsse

61. Dasselbe infolge Krankheit

Queridísima Isabel:

Te ruego me perdones por no haberte escrito desde hace tanto tiempo. Reconozco que soy terriblemente perezosa en escribir, pero esta vez tengo una verdadera excusa, ya que el mes pasado tuve que ingresar en el hospital para someterme a una operación. No ha sido nada de gravedad, pero, al parecer, me ha debilitado tanto, que me he visto obligada a dejar para más adelante lo que no era absolutamente inaplazable. Sin embargo, créeme que te escribiré pronto como es debido.

Entretanto, recibe muchos besos y un saludo cariñoso para toda tu familia.

Cuca

Liebe Isabel!

Bitte verzeihe mir, daß ich so lange nicht geschrieben habe. Ich weiß, ich bin die faulste Briefschreiberin auf der Welt; aber diesmal habe ich wirklich eine Entschuldigung, da ich letzten Monat zu einer Operation ins Krankenhaus mußte. Es war nichts Ernstes, aber es hat mich anscheinend doch recht entkräftet, so daß ich alles aufschiebe, was nicht unbedingt wichtig ist. Aber ich verspreche Dir, bald richtig zu schreiben.

Inzwischen viele Küsse und einen lieben Gruß an die ganze Familie,

Cuca

62. Entschuldigung wegen Nichteinhaltens einer Verabredung

Querido Ramón:

Seguro que estarás furioso conmigo, y con plena razón, por haberme esperado ayer en vano. La verdad, traté de avisarte por todos los medios, pero ni pude encontrarte ni en la oficina, ni en casa.

El motivo de mi poca seriedad ha sido muy simple. Resulta que, cuando estaba para salir, se nos presentó sin previo aviso un pez gordo de la empresa, quien nos dio el latazo hasta casi la medianoche. Te imaginarás la gracia que nos hizo . . .

Bueno, espero que comprenderás el aprieto en que me encontré, y podremos recuperar la entrevista cualquier día. ¿Qué tal si mañana cenamos juntos? Llámame para confirmarlo, y a ver si no aparece otro pelma . . .

Mientras, un abrazo de

Lieber Ramón,

sicher bist Du wütend auf mich, und das mit vollem Recht, weil Du gestern vergeblich auf mich gewartet hast. Ich habe wirklich mit allen Mitteln versucht, Dich zu benachrichtigen, aber ich konnte Dich weder im Büro noch bei Dir zu Hause erreichen.

Der Grund für meine mangelnde Zuverlässigkeit war ganz einfach. Gerade, als ich weggehen wollte, erschien ohne Voranmeldung ein hohes Tier in der Firma, der uns bis beinahe Mitternacht auf die Nerven fiel. Du kannst Dir vorstellen, wie wir uns gefreut haben . . .

Nun, ich hoffe, Du verstehst die Zwangslage, in der ich mich befand, und daß wir unser Treffen irgendwann nachholen können. Wie wäre es, wenn wir morgen gemeinsam zu Abend essen? Ruf mich an, um es zu bestätigen, mal sehen, ob nicht wieder ein Störenfried dazwischenkommt . . .

Inzwischen herzlichst

63. Entschuldigung wegen vergeblichen Besuches

Muy estimada Señora de Gándara:

Siento en el alma no haber estado en casa ayer cuando pasó a visitarme. Tuve que acompañar a Ester a la estación, y no volví hasta las 6 aproximadamente.

¿No podría venir la semana que viene a merendar? ¿Qué tal le vendría el miércoles? Por favor, llámeme para poder ponernos de acuerdo. Me encantaría poder verla y saber qué tal está.

Reciba un saludo muy cariñoso.

Liebe Frau Gándara!

Es tut mir sehr leid, daß ich nicht zu Hause war, als Sie mich gestern besuchen wollten. Ich mußte Ester zum Bahnhof bringen und kam erst gegen 6 Uhr nach Hause.

Ob Sie wohl in der nächsten Woche einmal zum Tee kommen könnten? Wäre Ihnen Mittwoch recht? Rufen Sie mich doch bitte an, damit wir etwas ausmachen können. Ich würde mich freuen, Sie zu sehen und zu hören, was es bei Ihnen Neues gibt.

Mit freundlichen Grüßen

64. Verschiebung eines Besuchs

Queridísima Lola:

Me veo obligada a comunicarte que la próxima semana no podré ir a León. Lo siento en el alma, pero ayer me llamaron por teléfono para decirme que mi mamá está enferma. Desgraciadamente, me veré precisada a ocuparme de ella. ¡Qué le vamos a hacer!; espero que comprenderás.

¿Os será posible que os visite en lugar de la semana próxima a fines de septiembre? Espero que me dirás con toda franqueza si no os viene bien. En tal caso, me gustaría que me fijéis una fecha para poder tener la alegría de visitaros.

De momento, os ruego que me disculpéis.

Os saluda afectuosamente,

Liebste Lola!

Ich muß Dir mitteilen, daß ich nächste Woche nun doch nicht nach León kommen kann. Es tut mir schrecklich leid, aber gestern abend wurde ich angerufen und erfuhr, daß meine Mutter krank ist. Ich werde mich leider um sie kümmern müssen. Aber man kann es nicht ändern, und ich hoffe, Du wirst es verstehen.

Könnte ich Euch statt nächste Woche Ende September besuchen? Ich hoffe, Du sagst es ganz offen, wenn Euch das nicht recht ist. In dem Fall möchte ich Euch bitten, ein Datum festzusetzen, an dem ich dann gern kommen werde.

Vorläufig entschuldigt bitte vielmals.

Herzliche Grüße

65. Empfehlung für einen Deutschen, der Spanien besuchen will

Muy estimado Sr. Molina:

El Sr. George Bender, hijo de mi amigo don Albert Bender, busca una colocación en un banco de Madrid, a fin de perfeccionar sus conocimientos de la lengua española.

Como Vd. tiene relaciones con el mundo de la banca, he pensado que su intervención personal o la de alguno de sus amigos podría hacer un buen servicio a don Albert Bender. Es una persona encantadora, y le quedará sumamente reconocido por todo lo que Vd. pueda hacer en favor de su hijo. Este es

Lieber Herr Molina!

Herr Georg Bender, Sohn meines Freundes Albert Bender, sucht eine Stelle in einer Madrider Bank, um seine spanischen Sprachkenntnisse zu vervollkommnen.

Da Sie Beziehungen zur Finanzwelt haben, habe ich gedacht, Sie könnten Herrn Albert Bender einen Gefallen tun, indem Sie persönlich etwas unternehmen oder einen Ihrer Freunde bitten, sich darum zu kümmern. Er ist ein reizender Mensch, und er wird Ihnen für alles sehr dankbar sein, was Sie für seinen Sohn tun können. Dieser ist au-

un muchacho extraordinariamente dotado e irradia una gran simpatía.

Le ruego que tenga a bien excusar la molestia que le ocasiono con la presente, y le reitero el testimonio de mi sincera amistad.

Con el mayor afecto

ßerordentlich begabt und sehr sympathisch.

Ich hoffe, Sie entschuldigen die Ungelegenheiten, die ich Ihnen hiermit bereite, und empfehle mich Ihnen mit den besten Grüßen

Ihr

66. Dank für eine Empfehlung

Querida Carmen:

No sabes lo agradecida que te estoy por haberme dado ocasión de conocer a Julita Moreno. Desde que nos vimos por primera vez, hemos hecho lo que se dice tan buenas amigas, que casi somos inseparables. Ayer visitamos juntas una exposición, y he quedado maravillada de su extraordinaria cultura. Como, además, es la simpatía personalizada, cuando no me invita ella, la invito yo, pues mis padres la consideran ya como si perteneciera a la familia. De nuevo, muchísimas gracias por haberme facilitado tan encantadora amiga.

Recibe un abrazo muy fuerte

Liebe Carmen,

Du weißt nicht, wie dankbar ich Dir bin, daß Du mir Gelegenheit gegeben hast, Julita Moreno kennenzulernen. Seit wir uns zum ersten Mal sahen, sind wir, wie man so sagt, gute Freundinnen geworden, wir sind fast unzertrennlich. Gestern haben wir zusammen eine Ausstellung besucht, und ich war sehr angetan von ihrer außerordentlichen Bildung. Und da sie außerdem die Sympathie in Person ist, lade ich sie ein, wenn sie mich nicht einlädt, und meine Eltern betrachten sie bereits als zur Familie gehörig. Nochmals ganz herzlichen Dank für diese sympathische Freundin.

Herzlichst,

67. Einladung nach einer Empfehlung

Estimada Señorita Castro:

Mi querida amiga Elvira del Pozo me acaba de comunicar que usted piensa pasar el próximo semestre de invierno en Munich. Sería para mí un placer ayudarla en lo que esté de mi parte o hacerle compañía cuando lo desee. Co-

Sehr geehrtes Fräulein Castro,

meine liebe Freundin Elvira del Pozo hat mir gerade mitgeteilt, daß Sie das kommende Wintersemester in München sein werden. Es wäre mir ein Vergnügen Ihnen behilflich zu sein, soweit ich kann oder Sie zu begleiten, wenn Sie es wünschen. Da ich Ihren Zeitplan

mo ignoro su horario de ocupaciones, le rogaría me llamara por teléfono para ponernos de acuerdo sobre la fecha y hora que más le convenga. ¿Qué tal uno de los próximos domingos? Podríamos dar un paseo por la ciudad y luego vendría a comer a casa. Mis papás tienen muchas ganas de conocerla también.

En espera de su llamada, un saludo muy cordial

nicht kenne, würde ich Sie bitten, mich anzurufen, damit wir uns über Zeit und Stunde einigen können, die Ihnen am besten paßt. Wie wäre es mit einem der nächsten Sonntage? Wir könnten einen Spaziergang durch die Stadt machen und danach kämen Sie zu mir nach Hause zum Essen. Meine Eltern möchten Sie auch gerne kennenlernen.

In Erwartung Ihres Anrufes grüße ich Sie herzlich

68. Anfrage wegen Anschrift eines Brieffreundes

Sr. Director de LA VOZ:

Le quedaría muy agradecido si tuviera la amabilidad de facilitarme alguna dirección de muchachos o muchachas españoles que deseen mantener correspondencia conmigo.

Tengo 15 años y resido en Nuremberg. Mi padre es funcionario público y tengo una hermana más joven que yo. Estudio español como segunda lengua extranjera, pero como pasamos los veranos en España, ya estoy en condiciones de mantener intercambio epistolar en español. Mis aficiones favoritas son deportes, sobre todo natación, todo lo relacionado con la astronáutica y novelas de aventuras. Espero que Vd. pueda facilitarme la dirección de algún muchacho o muchacha de mi edad interesados en mantener correspondencia conmigo, en español y alemán.

De antemano le quedo muy agradecido y le saludo atte.

An den Herrn Direktor von LA VOZ:

Ich wäre Ihnen sehr dankbar, wenn Sie die Liebenswürdigkeit hätten, mir eine Adresse von spanischen Jungen oder Mädchen mitzuteilen, die mit mir korrespondieren möchten.

Ich bin 15 Jahre alt und lebe in Nürnberg. Mein Vater ist Beamter und ich habe noch eine jüngere Schwester. Ich lerne Spanisch als zweite Fremdsprache, aber da wir die Sommer in Spanien verbringen, bin ich bereits in der Lage, einen spanischen Schriftwechsel zu führen. Meine Hobbys sind Sport, vor allem Schwimmen, alles, was mit Astronautik zu tun hat und Abenteuerromane. Ich hoffe, Sie können mir die Adresse von einem Jungen oder einem Mädchen meines Alters mitteilen, die Interesse daran haben, mit mir auf spanisch oder deutsch zu korrespondieren.

Besten Dank im voraus und mit freundlichen Grüßen

69. Anfrage wegen Aufnahme in einer Familie

Distinguida Sra. de Serrano:

En el Instituto Español de Cultura de Munich me han facilitado su dirección, diciéndome que Vd. estaría dispuesta a acoger a mi hija durante las próximas vacaciones de verano *como huésped de pago* (*en régimen de intercambio*).

Alexandra tiene 16 años y estudia español desde hace año y medio en el colegio, pero antes había hecho ya un curso con una amiga en el Instituto Español, por lo que ya está en condiciones de entender y hacerse entender con relativa facilidad. Lo que le interesa es tener ocasión de practicar el español y familiarizarse con la vida española.

Tenemos tres hijos, una mayor, de 19 años, y un hijo de 13, o sea, que Alexandra está acostumbrada a vivir en una familia casi numerosa. Además, debido a mis ocupaciones en la consulta (mi marido es dentista), está habituada a ayudar en casa.

Si tuviera la amabilidad de acoger a mi hija en su familia, le ruego me lo comunique cuanto antes, para ponernos de acuerdo sobre las condiciones.

Con atentos saludos

Sehr geehrte Frau Serrano,

das Spanische Kulturinstitut in München hat mir Ihre Adresse vermittelt und mir mitgeteilt, daß Sie bereit wären, meine Tochter während der nächsten Ferien aufzunehmen als *zahlender Gast (im Austausch)*.

Alexandra ist 16 Jahre alt und lernt seit eineinhalb Jahren Spanisch in der Schule, aber sie hatte vorher schon mit einer Freundin einen Kurs im Spanischen Kulturinstitut besucht, deshalb kann sie relativ gut verstehen und sich verständlich machen. Woran sie am meisten interessiert ist, ist Spanisch zu üben und sich mit dem spanischen Leben vertraut zu machen.

Wir haben drei Kinder, die ältere ist 19 Jahre alt und der Junge 13, so daß Alexandra daran gewöhnt ist, in einer beinahe kinderreichen Familie zu leben. Außerdem ist sie wegen meiner Beschäftigung in der Praxis (mein Mann ist Zahnarzt) daran gewöhnt, im Haushalt mitzuhelfen.

Wenn Sie die Freundlichkeit hätten, meine Tochter in Ihrer Familie aufzunehmen, würde ich Sie bitten, mir das sobald als möglich mitzuteilen, damit wir uns über die Bedingungen einigen können.

Mit freundlichen Grüßen

70. Anfrage wegen Schüleraustausch (1)

Distinguida Sra. de Jiménez:

Nuestros comunes conocidos los Sres. Riedel me han dado a entender que Vd. tendría interés en un intercam-

Sehr geehrte Frau Jiménez;

unsere gemeinsamen Bekannten, die Familie Riedel, haben mir zu verstehen gegeben, daß Sie an einem Ferienaus-

bio durante las vacaciones entre su hija (creo que se llama Estela) y la nuestra. Regine tiene 17 años, y estudia español desde hace tres cursos. Pero como tiene pocas ocasiones de practicarlo, estaría muy interesada en pasar una temporada en España, preferentemente con una familia.

Por nuestra parte, estaríamos encantados de saludar a Estela en nuestra casa y ofrecerle ocasión de practicar el alemán, pues según me dijo la Sra. Riedel, estudia alemán en una academia. ¿Prefieren enviar a Estela en otra fecha? El inconveniente es que aquí las vacaciones de Pascua son muy cortas, por lo que a Regine le interesaría más el verano.

En fin, le quedaríamos muy agradecidos si nos comunicaran lo que Vd. y su esposo piensan al respecto, para poder hacer planes concretos, siempre, claro, que estén de acuerdo en el intercambio que les propongo.

En espera de sus noticias, un saludo muy cordial.

tausch zwischen Ihrer Tochter (ich glaube, sie heißt Estela) und der unseren interessiert wären. Regine ist 17 Jahre alt und studiert seit 3 Semestern Spanisch. Aber da sie wenig Gelegenheit zum Üben hat, wäre sie sehr daran interessiert, eine Zeitlang in Spanien zu sein, vorzugsweise in einer Familie.

Wir würden uns unsererseits sehr freuen, Estela in unserem Haus begrüßen zu können und ihr Gelegenheit zu geben, Deutsch zu üben, da sie ja, wie Frau Riedel mir sagte, Deutsch auf einer Akademie lernt. Ziehen Sie es vor, Estela zu einer anderen Zeit zu schikken? Der Nachteil ist, daß hier die Osterferien sehr kurz sind, weshalb Regine mehr am Sommer interessiert ist.

Nun, wir wären Ihnen sehr dankbar, wenn Sie uns mitteilten, was Sie und Ihr Mann darüber denken, damit wir konkrete Pläne machen können, natürlich immer nur, wenn Sie mit dem Austausch einverstanden sind, den ich Ihnen vorschlage.

In Erwartung Ihrer Nachricht grüße ich Sie herzlich.

71. Anfrage wegen Schüleraustausch (2)

Agencia de Intercambio Escolar
Fray Luis de León, 24
Valladolid

Muy Sres. míos:

Con la presente desearía que me enviaran información sobre posibilidades de intercambio entre escolares alemanes y españoles. Mi hijo, de 16 años, estudia español en el colegio y tendría

Agentur für Ferienaustausch
Fray Luis de León, 24
Valladolid

Sehr geehrte Damen und Herren,

hiermit möchte ich Sie bitten, mir Informationen über die Möglichkeit eines Austausches zwischen deutschen und spanischen Schülern zu schicken. Mein Sohn, 16 Jahre alt, lernt Spanisch in der Schule und hätte größtes Interesse dar-

sumo interés en pasar algunas semanas con una familia española. Por nuestra parte, estaríamos dispuestos también a dar acogida a un muchacho o muchacha españoles que deseen practicar el alemán.

Les quedaríamos muy reconocidos si nos facilitaran la dirección de alguna familia adecuada o bien el modo de ponernos en contacto con una tal familia, a fin de acordar con ella los detalles sobre el intercambio proyectado.

Atentamente les saluda

an, einige Wochen in einer spanischen Familie zu verbringen. Unsererseits wären wir bereit, einen spanischen Jungen oder ein spanisches Mädchen bei uns aufzunehmen, die Deutsch üben möchten.

Wir wären Ihnen sehr dankbar, wenn Sie uns die Adresse einer geeigneten Familie vermitteln könnten oder auch, wie wir uns mit dieser Familie in Verbindung setzen können, um uns mit ihr über Einzelheiten des geplanten Austausches zu verständigen.

Mit freundlichen Grüßen

72. Bewerbung um eine Au-pair-Stellung

Distinguidos Señores:

Permítanme que me dirija a Vds. en relación con el puesto "au pair" que anunciaron en el "Die Welt" de ayer.

Soy hija de un industrial de Hamburgo y tengo 19 años de edad. Hace dos años terminé el colegio con certificado de bachillerato elemental ("Mittlere Reife"), y en la actualidad frecuento cursos de español, inglés y ruso en una academia. Desearía pasar una temporada en España para perfeccionar mi español y familiarizarme con la vida española. De buena gana me encargaría de los niños y ayudaría en las faenas domésticas a cambio de la remuneración que Vds. mencionan en el anuncio, con la condición de tener un margen fijo de tiempo libre para poder frecuentar cursos de español y conocer Madrid y los alrededores.

En el caso de que les interese mi solicitud y el puesto esté aún libre, les ro-

Sehr geehrte Damen und Herren,

erlauben Sie mir, daß ich mich an Sie wende mit Bezug auf die Au-pair-Stelle, die Sie in „Die Welt" von gestern angezeigt hatten.

Ich bin die Tochter eines Hamburger Industriellen und bin 19 Jahre alt. Vor zwei Jahren beendete ich meine Ausbildung mit der Mittleren Reife, und zur Zeit besuche ich Sprachkurse für Spanisch, Englisch und Russisch in einer Sprachenschule. Ich möchte gerne eine längere Zeit in Spanien verbringen, um mein Spanisch zu vervollkommnen und mich mit der spanischen Lebensform vertraut zu machen. Ich würde mich gerne der Kinder annehmen und im Haushalt helfen gegen das Entgelt, das Sie erwähnen und unter der Bedingung, eine feste Freizeit zu haben, um Spanischkurse besuchen zu können und Madrid und seine Umgebung kennenzulernen.

Wenn Sie meine Bewerbung interessiert und die Stelle noch frei ist, würde

garía me lo comunicaran para ponernos en contacto y conocernos al menos por vía epistolar. Me interesaría que Vds. me indicaran la fecha exacta en que debería estar en su casa, y ni que decir tiene que aceptaría gustosa las observaciones que tuvieran a bien indicarme.

Les saluda atentamente

ich Sie bitten, mir das mitzuteilen, damit wir uns in Verbindung setzen können und uns wenigstens per Brief kennenlernen. Mich würde das genaue Datum interessieren, an dem ich in Ihrem Hause sein müßte, und es braucht nicht erwähnt zu werden, daß ich gern alle Ihre Bemerkungen entgegennehme, die Sie mir hierzu zukommen lassen würden.

Mit freundlichen Grüßen

73. An ein Vermittlungsbüro oder eine Organisation

Muy Sres. míos:

Les ruego tengan la amabilidad de comunicarme si conocen algún puesto “au pair” en Madrid o alrededores próximos que quede libre para el próximo mes de agosto.

oder

Les quedaría muy agradecido si me pusieran en contacto con una familia interesada en una muchacha “au pair” durante el mes de septiembre en las condiciones usuales.

Muy atentamente

Sehr geehrte Herren,

ich bitte Sie mir freundlicherweise mitzuteilen, ob Ihnen in Madrid oder Umgebung eine freie Au-pair-Stelle für den kommenden August bekannt ist.

oder

Ich wäre Ihnen sehr dankbar, wenn Sie den Kontakt zu einer Familie herstellen könnten, die an einem Au-pair-Mädchen für den Monat September zu den üblichen Bedingungen interessiert ist.

Mit freundlichen Grüßen

II. Briefe geschäftlichen Inhalts

74. Stellung als Sekretärin gesucht

Muy Sres. míos:

Hace poco que concluí mi formación de secretaria y tendría gran interés en trabajar en el extranjero, con preferencia en España. Me gustaría saber si en su firma queda vacante un puesto en un futuro próximo.

Como anexo, les envío un resumen de mi formación escolar y profesional y copias de mis certificados en taquigrafía, mecanografía, informática así como en español, inglés y francés.

Lamento que la distancia me haga difícil presentarme personalmente para entrevistarme con ustedes, pero estaría dispuesta a presentarles certificados, indicar mis referencias y proporcionarles cualquier información que consideren necesaria.

Sin más, me es muy grato saludarles atte.

Sehr geehrte Herren!

Ich habe kürzlich meine Ausbildung als Sekretärin beendet und würde sehr gern im Ausland, vorzugsweise in Spanien, arbeiten. Ich wüßte gern, ob in Ihrer Firma in naher Zukunft eine Stelle frei wird.

Eine Übersicht über meine Schul- und Berufsausbildung und Kopien meiner Zeugnisse in Kurzschrift, Maschineschreiben, Informatik sowie Spanisch, Englisch und Französisch füge ich bei.

Ich bedaure, daß die Entfernung es schwierig macht, mich persönlich zu einem Gespräch einzufinden, aber ich würde gern Zeugnisse vorlegen, meine Referenzen angeben und jede andere Auskunft erteilen, die Sie für erforderlich halten.

Hochachtungsvoll

75. Stellung als Auslandskorrespondentin gesucht

(respuesta a un anuncio)

Muy Sres. míos:

Estaría interesada por el puesto de corresponsal en lenguas extranjeras que anuncian hoy en "La Vanguardia".

Tengo 24 años, y desde hace tres años estoy empleada en la Firma Müller und Meier GmbH de Stuttgart. En

Sehr geehrte Herren!

Ich interessiere mich für die Stellung als Fremdsprachenkorrespondentin, die heute in der „Vanguardia" ausgeschrieben war.

Ich bin 24 Jahre alt und seit drei Jahren bei der Firma Müller und Meier GmbH, Stuttgart, beschäftigt. Dort bin

ella, soy responsable de las facturas y documentos de aduana y de la totalidad de la correspondencia en francés y en español, y tendría extraordinario interés en desarrollar ahora mis experiencias en este sector en España.

Adjunto a esta carta informes sobre mis estudios y mi actividad anterior así como dos copias de certificados. Mi patrón actual, Sr. Helmut Müller, está al corriente de mis deseos de obtener un cambio de situación y me ha permitido citarle como referencia.

En el caso de que mi cualificación corresponda a sus exigencias, les quedaría muy agradecida si tuvieran la amabilidad de informarme lo más exactamente posible sobre el trabajo, el sueldo ofrecido y las posibilidades de promoción.

Encantada me entrevistaría con Vds. en la fecha y hora que más les convenga.

Esperando que tomen en consideración mi solicitud, aprovecho para saludarles atte.

ich für Rechnungen und Zolldokumente und für alle Korrespondenz in Französisch und Spanisch verantwortlich und würde jetzt gern meine Erfahrung auf diesem Arbeitsgebiet in Spanien erweitern.

Angaben über meine Ausbildung und frühere Tätigkeit sowie zwei Zeugnisabschriften füge ich diesem Brief bei. Mein gegenwärtiger Arbeitgeber, Herr Helmut Müller, weiß, daß ich gern einen Wechsel vornehmen möchte, und hat mir gestattet, ihn als Referenz anzugeben.

Wenn meine Qualifikation Ihren Anforderungen entspricht, möchte ich Sie bitten, mir Näheres über die Arbeit, das gebotene Gehalt und die Aufstiegsmöglichkeiten mitzuteilen.

Ich würde gern zu jedem Ihnen angenehmen Zeitpunkt zu einem Gespräch kommen.

In der Hoffnung, daß Sie meine Bewerbung berücksichtigen, empfehle ich mich Ihnen hochachtungsvoll.

76. Lebenslauf

Curriculum vitae
Nombre: Bauer, Ernst
Dirección: Friedensstrasse, 15
8000 Munich 70
República Federal de Alemania

Nací el 8 de enero de 1961 en Rosenheim de padre abogado. Allí viví hasta los 5 años de edad, luego mi familia se

Name: Bauer, Ernst
Anschrift: Friedensstraße 15
8000 München 70
Bundesrepublik Deutschland

Ich wurde am 8. Januar 1961 in Rosenheim als Sohn eines Anwalts geboren. Dort lebte ich bis zu meinem 5. Lebensjahr, danach zog meine Familie um nach München. In dieser Stadt be-

trasladó a Munich. En esta ciudad cursé la primera enseñanza de 1967 a 1971, a continuación pasé al Wittelsbachgymnasium, donde en 1979 terminé el bachillerato con nota sobresaliente. Seguidamente pasé a la Universidad de Munich, donde entre 1979 y 1984 estudié Sociología, Economía y Ciencias de la Información, concluyendo la carrera con el título de "Diplom-Soziologe" en el verano de 1984. Durante mis estudios, hice prácticas en el periódico "Süddeutsche Zeitung" y en la Caja de Ahorros de Munich; además, pasé dos temporadas en España para perfeccionar mis conocimientos del español, trabajando en un banco de Valencia.

Las personas mencionadas a continuación se han mostrado dispuestas a informar sobre mi carácter y cualificación:

. . . . .
. . . . .
. . . . .

(Fecha) *(Firma)*

suchte ich die Grundschule von 1967 bis 1971, danach wechselte ich über zum Wittelsbacher Gymnasium, wo ich 1979 mein Abitur mit der Note „sehr gut" abschloß. Anschließend ging ich auf die Universität München, wo ich von 1979 bis 1984 Soziologie, Wirtschaftswissenschaft und Informationswissenschaft studierte und im Sommer 1984 mit dem Titel „Diplom-Soziologe" meine Berufsausbildung abschloß. Während meines Studiums leistete ich Praktika ab in der „Süddeutschen Zeitung" und in der Stadtsparkasse München; außerdem war ich zweimal in Spanien, um meine Spanischkenntnisse zu vervollkommnen, indem ich in einer Bank in Valencia gearbeitet habe.

Die folgenden Personen wären bereit, über meinen Charakter und meine Qualifikationen Aussagen zu machen:

. . . . .
. . . . .
. . . . .

(Datum)

77. Tabellarischer Lebenslauf

(Datos personales)

Nombre . . .
Apellidos . . .
Dirección . . .
Lugar de nacimiento . . .
Fecha de nacimiento . . .
Nacionalidad . . .
Formación escolar . . .
Práctica y experiencia profesional . . .
Referencias . . .

(Persönliche Daten)

Name: . . .
Familienname: . . .
Anschrift: . . .
Geburtsort: . . .
Geburtsdatum: . . .
Staatsangehörigkeit: . . .
Schulbildung: . . .
Praktika und Berufserfahrung: . . .
Referenzen: . . .

78. Empfehlung für einen jungen Mann, der eine Stellung in Spanien sucht

A quienes concierna:

El Sr. Weder me ha rogado un certificado referencial, que gustosamente expido.

Conozco al Sr. Weder desde hace bastante tiempo, y ha estado a mis órdenes desde hace año y medio. Es una persona de excelente carácter, cumplidor de su deber y en el que se puede depositar plena confianza. Su espíritu de trabajo no ha dejado nada que desear, su compañerismo ha sido siempre loable y en todo momento ha mostrado su incondicional interés por la empresa. Es de encomiar su inciativa personal y disposición a abordar cualquier clase de problemas, para los que en todo momento ha hallado soluciones muy positivas. Como nota personal me es grato destacar también sus dotes de mando, combinadas con su incondicional adaptación a las directivas de la empresa.

Siento tener que renunciar a un colaborador tan altamente cualificado, y me es grato recomendar al Sr. Weder, deseándole lo mejor para su futuro profesional.

(Firma)

(oder, bei Bewerbung um eine bestimmte Stellung)

El Sr. Ulli Weder me ha comunicado que se interesa por el puesto de ....., solicitando que le expida un certificado referencial, lo que hago con sumo gusto.

(wie oben)

Bescheinigung:

Herr Weder hat mich um ein Referenzschreiben gebeten, das ich gerne ausstelle.

Ich kenne Herrn Weder schon ziemlich lange, er war vor eineinhalb Jahren bei mir angestellt. Er besitzt ausgezeichnete Charaktereigenschaften, erfüllt stets seine Pflichten, und man kann ihm vollstes Vertrauen entgegenbringen. Seine Arbeitseinstellung ließ nichts zu wünschen übrig, seine Kollegialität war stets löblich, und er hat jederzeit sein uneingeschränktes Interesse für die Firma gezeigt. Seine Eigeninitiative ist lobenswert und seine Bereitschaft, mit jedwedem Problem fertig zu werden, für die er zu jeder Zeit positive Lösungen gefunden hat. Als persönliche Anmerkung freut es mich, seine Führungsqualitäten hervorzuheben verbunden mit seiner uneingeschränkten Anpassung an die Richtlinien der Firma.

Ich bedaure es, auf einen so hochqualifizierten Mitarbeiter verzichten zu müssen und ich freue mich, Herrn Weder weiterempfehlen zu können, indem ich ihm nur das Beste für seine berufliche Zukunft wünsche.

(Unterschrift)

Herr Ulli Weder hat mir mitgeteilt, daß er sich für die Stelle eines ... interessiert und mich gebeten, ihm eine persönliche Referenz auszustellen, was ich sehr gerne tue.

79. Bitte um Auskunft an das Verkehrsamt

(Anforderung von Prospekten)

Oficina de Turismo
Juan de la Cosa, 8
Santander (España)

Muy Sres. míos:

Tengo la intención de pasar un mes por lo menos en la región cantábrica, para visitar los lugares turísticos más interesantes, por lo cual, les quedaría muy agradecido si tuvieran la amabilidad de enviarme la lista de hoteles de la región cantábrica, con indicación de los precios y las condiciones de alquiler por día y de pensión por uno o dos meses.

En julio y agosto desearía residir en Santander, que me parece muy apropiada como centro de mis excursiones.

También les agradecería que me mandaran la guía turística de la ciudad y de sus alrededores, que contenga el plano de Santander y las principales localidades de sus alrededores.

Si fuera necesario, les ruego me indiquen el precio de la guía y de la lista, que abonaré una vez que estén en mi poder por giro postal o contra rembolso, según sus deseos.

Muy agradecido de antemano por sus informaciones, les saluda atte.

Sehr geehrte Herren!

Da ich die Absicht habe, mindestens einen Monat in Nordspanien zu verbringen, um die wichtigsten Städte zu besuchen, wäre ich Ihnen sehr dankbar, wenn Sie mir das Verzeichnis der Hotels in Nordspanien mit Preisen und Mietbedingungen pro Tag und Pensionspreisen für einen oder zwei Monate schicken könnten.

Im Juli und August möchte ich in Santander wohnen, denn diese Stadt scheint mir als Zentrum für meine Ausflüge sehr geeignet zu sein.

Ebenfalls bitte ich Sie um Übersendung des Reiseführers der Stadt und ihrer Umgebung, der den Plan von Santander und den wichtigsten umliegenden Ortschaften enthält.

Falls nötig, bitte ich Sie, mir den Preis für diesen Führer und das Verzeichnis mitzuteilen. Nach Empfang werde ich ihn Ihrem Wunsch entsprechend entweder durch Postüberweisung oder gegen Nachnahme bezahlen.

Ich danke Ihnen im voraus für Ihre Auskünfte und verbleibe

mit freundlichen Grüßen

80. Bitte um Auskunft an das Verkehrsamt *(wegen Ferienhaus)*

Oficina de Turismo
Gerona

Muy Sres míos:

Desearía pasar las vacaciones de este año, en el mes de agosto, con mi familia en un lugar pintoresco de la Costa Brava. Les quedaría muy agradecido si tuvieran la bondad de comunicarme si, para esa época, existen aún habitaciones amuebladas o bungalows libres. Nos gustaría hospedarnos junto al mar, y necesitamos como mínimo dos habitaciones dobles. También tendríamos necesidad de ropa de cama, cubiertos, etc.

Dado que dispongan de algo que pudiera interesarnos, ¿serían tan amables en comunicarnos las condiciones de alquiler y si es necesario abonar algo por adelantado?

Muy agradecido de antemano, les saluda atte.

An das
Verkehrsamt
Gerona

Sehr geehrte Herren!

Ich würde gern im August dieses Jahres mit meiner Familie den Urlaub in einem malerischen Ort der Costa Brava verbringen und wäre Ihnen dankbar, wenn Sie mir mitteilen könnten, ob Ihnen bekannt ist, daß zu der Zeit möblierte Zimmer oder ein Bungalow frei sind. Wir wären gern nahe am Meer und bräuchten wenigstens zwei Doppelzimmer; Bettwäsche, Eßbesteck usw. müßten vorhanden sein.

Wenn Sie etwas, das uns interessieren könnte, anzubieten haben, wären Sie vielleicht so freundlich, uns die Bedingungen mitzuteilen und ob eine Anzahlung erforderlich wäre?

Ich danke Ihnen im voraus und verbleibe

mit freundlichen Grüßen

81. Bitte um Auskunft über Ferienkurse

Secretaría de la Universidad
Cursos de Verano
Paseo de la Condesa, 3
León

Muy Sres. míos:

Desearía seguir en España cursos de vacaciones durante los meses de julio o agosto, al objeto de perfeccionar mis conocimientos de español. ¿Podrían in-

An das Sekretariat der Universität
Sommerkurse
Paseo de la Condesa, 3
León

Sehr geehrte Herren!

Ich würde gern im Juli oder August an Ferienkursen in Spanien teilnehmen mit dem Ziel, mein Spanisch zu verbessern. Könnten Sie mich über die vorgesehenen Kurse in León, darüber, wo

formarme sobre los cursos previstos en León, el lugar en que se celebran y su duración, sobre la forma prevista de alojamiento y los precios respectivos? ¿Ofrecen algunos de los cursos ocasión de obtener al final un diploma o certificado? ¿Se prevén cursos tanto para principiantes como para estudiantes ya adelantados?

Les quedaría sumamente agradecido por toda clase de información que pudieran proporcionarme.

Muy agradecido de antemano, reciban un atento saludo.

sie abgehalten werden und wie lange sie dauern, über die vorgesehene Unterkunft und die Preise informieren? Bieten irgendwelche Kurse den Teilnehmern am Ende die Gelegenheit, ein Zeugnis oder eine Bescheinigung zu erwerben? Sind sowohl Kurse für Anfänger als auch für fortgeschrittene Studierende vorgesehen?

Ich bin Ihnen für jede Information, die Sie mir geben können, sehr dankbar.

Vielen Dank im voraus.

Hochachtungsvoll

82. Bitte um Auskunft (Auto im Ausland)

Real Club Automovilístico
Bonanova, 34
Barcelona

Muy Sres. míos:

Me propongo hacer un recorrido en automóvil por España y Portugal, y estoy ante la pregunta de si resultaría más práctico alquilar en España un coche haciendo el viaje desde aquí en avión, o partir ya en coche de Stuttgart. ¿Podrían Vds. informarme sobre los precios de alquiler sin chófer así como el precio actual de la gasolina? Desearía un coche de clase media a alta, por ejemplo, un Audi 80 hasta Mercedes.

Les agradecería informaciones detalladas al respecto, a ser posible cuanto antes. Adjunto un cupón-respuesta internacional.

Les saluda atte.

Sehr geehrte Herren,

ich habe vor, mit dem Auto eine Rundfahrt durch Spanien und Portugal zu machen und stehe vor der Frage, ob es praktischer ist, in Spanien ein Auto zu mieten und die Reise von hier aus im Flugzeug zurückzulegen, oder bereits mit dem Auto von Stuttgart aus zu fahren. Könnten Sie mich über Mietpreise ohne Fahrer und über den aktuellen Benzinpreis informieren? Ich möchte ein Auto der Mittel- oder oberen Mittelklasse, z. B. einen Audi 80 bis Mercedes.

Ich wäre Ihnen für ausführliche Informationen hierzu dankbar, wenn möglich, so schnell es geht. Ich füge einen internationalen Antwortschein bei.

Mit freundlichen Grüßen

83. An eine Eisenbahngesellschaft

Oficinas de la RENFE
Alcalá, 5
Madrid

Muy Sres. míos:

Mi esposa y yo estaríamos interesados en un viaje turístico por ferrocarril, preferentemente con el Al Andalus Express. Les ruego tengan la amabilidad de enviarme información detallada sobre las rutas previstas, así como sobre fechas, horarios y precios correspondientes.

Desde Alemania haríamos el viaje en avión hasta Sevilla. Como tenemos previsto hacer el viaje en primavera, nos gustaría saber si podrían garantizarnos hotel a nuestra llegada.

En espera de sus amables noticias, les saluda atte.

Sehr geehrte Herren,

meine Frau und ich wären an einer Bahnreise interessiert, vorzugsweise mit dem Al Andalus Express. Ich bitte Sie, mir freundlicherweise ausführliche Informationen über die vorgesehenen Reiserouten sowie über Zeitpunkt, Fahrplan und entsprechende Preise zu schicken.

Von Deutschland aus würden wir mit dem Flugzeug bis Sevilla reisen. Da wir vorgesehen haben, die Reise im Frühjahr zu unternehmen, würden wir gerne wissen, ob Sie uns eine Hotelunterkunft bei unserer Ankunft garantieren können.

In Erwartung Ihrer freundlichen Nachricht verbleiben wir

mit freundlichen Grüßen oder

Muy Sres. míos:

Tengo prevista mi llegada a Barcelona el 21 de abril próximo a las 10,45, y desearía seguir viaje lo antes posible a Salamanca. Por ello, le ruego me reserven dos asientos de ventanilla en departamento de no fumadores, en primera clase si el viaje es de día, o bien dos literas si el viaje es durante la noche. Tengan la amabilidad de enviarme cuanto antes los billetes y las reservas, con indicación exacta del andén de partida y horarios correspondientes. Adjunto cheque por valor de 500 marcos alemanes para cubrir los costes, y si no

Sehr geehrte Herren,

ich komme am kommenden 21. April um 10.45 Uhr in Barcelona an und ich möchte meine Reise nach Salamanca so schnell wie möglich fortsetzen. Deshalb bitte ich Sie, mir zwei Fenstersitzplätze in einem Nichtraucherabteil in der 1. Klasse zu reservieren, wenn die Reise tagsüber stattfindet, oder zwei Liegewagenplätze, wenn die Reise nachts ist. Schicken Sie mir die Fahrkarten und Reservierungen freundlicherweise so schnell wie möglich zu, mit genauer Angabe des Abfahrtsbahnsteigs und den entsprechenden Fahrplänen. Anbei ein Scheck über DM 500,–, um die

bastara esta suma abonaría el resto en Barcelona, en la taquilla que Vds. indiquen.

Con un atento saludo,

Unkosten zu decken, und wenn diese Summe nicht ausreicht, würde ich den Rest in Barcelona bezahlen, an dem von Ihnen angegebenen Schalter.

Mit freundlichen Grüßen

84. An ein Hotel

(Bitte um Auskunft

Muy Sres. míos:

Tras haber examinado las listas y prospectos de la Oficina de Turismo de Pontevedra, me he propuesto pasar con mi esposa y dos hijos de 6 y 9 aprox. 4 semanas en el hotel de su digna dirección, durante el mes de agosto.

Les quedaría muy reconocido si tuvieran a bien indicarme las categorías y precios de las 2 habitaciones que podrían reservarme a partir del 6 de agosto, así como informarme sobre el servicio de restaurante.

Indíquenme, por favor, si en los precios se incluyen impuestos y servicios. Lo más sencillo sería, dado que dispongan de prospectos o folletos que contengan todas estas informaciones sobre su hotel, que me los remitieran lo más pronto que les sea posible.

Muy agradecido de antemano.

Atte.

Sehr geehrte Herren!

Nachdem ich die Verzeichnisse und Prospekte des Verkehrsvereins von Pontevedra durchgesehen habe, habe ich mich entschlossen, im August für ca. 4 Wochen mit meiner Frau und meinen beiden Kindern, 6 und 9 Jahre alt, in Ihrem Hotel zu wohnen.

Ich wäre Ihnen also dankbar, wenn Sie Angaben über die Art und Preise der beiden Zimmer, die Sie ab 6. August für mich reservieren könnten, sowie über den Service des Restaurants machen würden.

Teilen Sie mir bitte auch mit, ob diese Preise Steuern und Bedienung einschließen. Kurz gesagt, wenn Sie Prospekte oder Broschüren haben, die alle diese Auskünfte über Ihr Hotel enthalten, bitte ich Sie, mir diese so schnell wie möglich zuzuschicken.

Mit bestem Dank im voraus zeichne ich

hochachtungsvoll

85. An ein Hotel (Folgebrief auf Brief 84)

(Zimmerbestellung)

Muy Sr. mío:

Muchas gracias por su carta del 16 de los corrientes, así como por el folleto

Sehr geehrter Herr!

Ich danke Ihnen für Ihren Brief vom 16. d. M. und die Broschüre, in der ich

anexo, en el que ho podido hallar con precisión todas las informaciones que deseaba para pasar 4 semanas en el hotel de su digna dirección, en el mes de agosto.

Le rogaría, por consiguiente, que tuviera la amabilidad de reservarme del 6 al 28 de agosto próximos, ambos inclusive, al precio de pensión fija, la habitación doble nº 25 con baño, que da al parque, así como la habitación doble nº 34, con vistas a la ría.

Desayunamos en el hotel, y pensamos cenar en su restaurante la mayor parte de los días.

Llegaremos en coche el 6 de agosto entre las 9 y las 12 de la mañana.

Entretanto, le saluda atentamente

genau alle die Auskünfte finden konnte, die ich für einen Aufenthalt von 4 Wochen in Ihrem Hotel im Juli und August wünschte.

Daher bitte ich Sie, mir vom 6. bis einschließlich 28. August d. J. zum festen Pensionspreis das Doppelzimmer Nr. 25 mit Bad, das auf den Park geht, und das Doppelzimmer Nr. 34, mit Blick auf die Bucht, zu reservieren.

Wir frühstücken im Hotel und haben vor, an den meisten Tagen in Ihrem Restaurant zu Abend zu essen.

Wir werden am 6. August mit dem Auto zwischen 9 und 12 Uhr vormittags ankommen.

Bis dahin empfehle ich mich

hochachtungsvoll

86. Abbestellung eines Hotelzimmers

Sr. Gerente del
Hotel Sol y Sombra
Peñíscola (Castellón)

Distinguido Sr.

Siento tener que cancelar mi reserva de las habitaciones 25 y 34 para la semana comprendida entre el 10 y el 16 de agosto debido a enfermedad de un miembro de la familia. Ignoro si nos será posible ir a España durante el año en curso. Les agradezco su amabilidad y lamento las molestias resultantes.

Atentamente

Sehr geehrter Herr . . .

es tut mir leid, meine Reservierung der Zimmer 25 und 34 für die Woche vom 10. bis 16. August wegen Krankheit eines Familienmitglieds rückgängig machen zu müssen. Ich weiß nicht, ob es uns möglich sein wird, noch in diesem Jahr nach Spanien zu fahren. Ich danke Ihnen für Ihre Freundlichkeit und bedaure die entstandenen Unannehmlichkeiten.

Mit freundlichen Grüßen

87. Mieten einer Wohnung

Inmobiliara Mediterráneo
Alicante, 28
Villajoyosa

Muy Sres. míos:

Desearía pasar una temporada en esa localidad durante la primavera próxima, y con tal motivo quisiera alquilar una vivienda (piso o chalet) para una familia compuesta por matrimonio y dos niños de 3 y 5 años de edad. Les ruego tengan la amabilidad de informarme sobre la oferta y precios correspondientes, y si habría posibilidad de calefacción, si fuera necesario.

Muy agradecido, les saluda atte.

Sehr geehrte Damen und Herren,

ich möchte im nächsten Frühjahr einige Zeit in Ihrem Ort verbringen, und deshalb möchte ich eine Unterkunft mieten (Wohnung oder Haus) für eine Familie bestehend aus einem Ehepaar und zwei Kindern von 3 und 5 Jahren. Ich bitte Sie, mich freundlicherweise über Ihr Angebot und die entsprechenden Preise zu informieren, und ob es eine Heizung gibt, wenn es nötig sein sollte.

Mit bestem Dank und freundlichen Grüßen

88. Mieten eines Zimmers

Muy Sres. míos:

Para una estancia en Zaragoza, desearía alquilar una habitación amueblada por unos tres meses a partir del próximo 15 de septiembre. Como soy estudiante, el alquiler no podría ser muy elevado. Lo importante es que la habitación sea confortable y esté situada en un lugar tranquilo y no muy lejos de la Universidad.

Si no les fuera posible ofrecerme una habitación adecuada, les agradecería me indicaran a dónde puedo dirigirme.

Muy agradecido de antemano, les saluda

Sehr geehrte Damen und Herren,

für einen längeren Aufenthalt in Zaragoza möchte ich ein möbliertes Zimmer für etwa drei Monate ab kommenden 15. September mieten. Da ich Student bin, sollte die Miete nicht sehr hoch sein. Wichtig wäre, daß das Zimmer gemütlich ist, daß es ruhig gelegen ist und nicht sehr weit von der Universität entfernt.

Wenn Sie mir kein geeignetes Zimmer anbieten können, wäre ich Ihnen für Hinweise dankbar, wohin ich mich wenden kann.

Mit bestem Dank im voraus und freundlichen Grüßen

89. Vermieten eines Hauses

Muy Sr. mío:

En su anuncio de "La Región" de ayer, veo que desea alquilar una casa amueblada en Tossa de Mar, durante los meses de julio y agosto. Me parece que estamos en condiciones de poder satisfacer sus deseos. La casa se encuentra a 10 minutos (a pie) de la playa. Está completamente amueblada (televisor incluido), consta de 3 dormitorios, cuarto de baño y las más modernas instalaciones sanitarias. El precio por semana es de 20.000 pesetas.

Dado que le interese, le ruego que se sirva ponerse cuanto antes en contacto conmigo. Naturalmente, con sumo gusto le informaría sobre todos los pormenores que desee al respecto.

Sin más, reciba el testimonio de mi consideración.

Atte.

Sehr geehrter Herr!

Aus Ihrer Anzeige in der gestrigen „Región" ersehe ich, daß Sie für Juli und August in Tossa de Mar ein möbliertes Haus zu mieten suchen. Ich glaube, wir haben, was Ihnen vielleicht gefällt. Das Haus liegt zehn Minuten Fußweg vom Strand entfernt. Es ist voll möbliert (einschließlich Fernseher), hat drei Schlafzimmer, Bad und modernste sanitäre Anlagen. Der Preis beträgt 20.000 Peseten pro Woche.

Wenn Sie interessiert sind, setzen Sie sich bitte so bald wie möglich mit mir in Verbindung. Ich erteile Ihnen natürlich sehr gern alle weiteren Einzelauskünfte über das Haus.

Hochachtungsvoll

90. Bitte um Auskunft über Zeitungsabonnement

Muy Sres. míos:

Desearía suscribirme a su *revista ilustrada (revista / periódico)*, por lo que les agradecería que me comunicaran el importe de la suscripción trimestral, semestral y anual incluidos los gastos de envío (por avión) a Alemania. Por favor, indíquenme también cómo debe efectuarse el pago y si es posible hacerlo a través de un banco alemán.

Con un atento saludo,

Sehr geehrte Herren!

Ich möchte Ihre *Illustrierte (Zeitschrift / Zeitung)* abonnieren und würde mich freuen, wenn Sie mir mitteilten, wieviel ein Vierteljahres-, Halbjahres- und Jahresabonnement einschließlich (Luftpost-)Porto nach Deutschland kostet. Bitte teilen Sie mir auch mit, wie die Bezahlung erfolgen soll und ob sie über eine deutsche Bank vorgenommen werden kann.

Hochachtungsvoll

91. Zeitungsabonnement

Muy Sres. míos:

Desearía suscribirme a su *revista ilustrada (revista / periódico)* por *un año (6 meses)*. Adjunto un cheque por importe de DM 240,– para cubrir el importe de la suscripción del próximo trimestre.

Atentamente

Sehr geehrte Herren!

Ich würde gern Ihre *Illustrierte (Zeitschrift / Zeitung)* für ein *Jahr (halbes Jahr)* abonnieren und füge zur Dekkung der Kosten für das nächste Vierteljahr einen Scheck über DM 240,– bei.

Hochachtungsvoll

92. Bitte um Übersendung einer Probenummer

Muy Sres. míos:

Un amigo me ha recomendado la revista de su digna dirección, al objeto de informarme en todo lo concerniente a la vida del campo (jardinería y horticultura, ganadería, caza, pesca, trabajos manuales de aficionado, etc.). Les quedaría muy agradecido si tuvieran la amabilidad de enviarme un número de prueba.

Si, como espero, encuentro en ella lo que me interesa, le remitiré inmediatamente una orden de pago para la suscripción anual.

Esperando su envío, les quedo muy agradecido de antemano y les saludo atte.

Sehr geehrte Herren!

Ein Freund von mir hat mir Ihre Zeitschrift empfohlen, um mich über alles, was das Landleben betrifft, zu informieren (Gartenarbeit, Viehzucht, Jagd, Fischfang, Basteln usw.). Ich wäre Ihnen sehr dankbar, wenn Sie mir eine Probenummer schickten.

Wenn ich, wie ich hoffe, darin finde, was mich interessiert, werde ich Ihnen sofort eine Zahlungsanweisung für ein Jahresabonnement schicken.

In Erwartung Ihrer Sendung danke ich Ihnen im voraus und verbleibe

mit freundlichen Grüßen

93. Umzug

Hermanos García
Calle Galiano, 28
Sevilla

Muy Sres. míos:

A fines de marzo pienso trasladar mi domicilio a Sevilla, y les agradecería

Gebrüder García
Calle Galiano, 28
Sevilla

Sehr geehrte Herren!

Ende März ziehe ich nach Sevilla um und würde mich freuen, wenn Sie einen

que me enviaran un representante para hacer un presupuesto de la mudanza. Especialmente quisiera saber cuánto costaría el transporte de mis libros y de la porcelana si son empaquetados por Vds., y cuánto podría ahorrar si los empaqueto por mi cuenta. ¿Podrían, en este caso, poner a disposición cajones y otros accesorios de embalaje?

Tengo también un piano de cola y algunas alfombras y cuadros de valor; ¿no sería conveniente concertar un seguro especial?

Les ruego, finalmente, que me comuniquen la fecha en que puede venir su representante para hallarme en casa.

En espera de su contestación, les saluda atte.

Vertreter schicken könnten, um einen Kostenvoranschlag für den Umzug zu machen. Besonders würde ich gern wissen, wieviel der Transport meiner Bücher und meines Porzellans kosten würde, wenn sie von Ihnen gepackt werden, und wieviel ich sparen würde, wenn ich sie selber packe. Könnten Sie im letzteren Fall Kisten und anderes Verpackungsmaterial zur Verfügung stellen?

Ich habe auch einen Flügel und einige wertvolle Teppiche und Bilder. Wäre es nicht angebracht, eine besondere Versicherung dafür abzuschließen?

Bitte teilen Sie mir mit, wann Ihr Vertreter kommen kann, damit ich es einrichten kann, zu Hause zu sein.

Hochachtungsvoll

94. Bitte um Nachsendung der Post

Muy Sres. míos:

En los 15 días desde que volví a mi casa tras mes y medio de estancia en el hotel de su digna dirección, no he recibido correspondencia alguna.

Pienso que mis familiares y amistades han seguido dirigiendo sus cartas al hotel.

Dado que así sea, les quedaría muy reconocido si tuvieran la amabilidad de reexpedirme todo el correo a mi dirección habitual, que les indico nuevamente:

Calle Moyana, 51
Valladolid

Gracias por adelantado y un atento saludo.

Sehr geehrte Herren!

In den 15 Tagen, seit ich nach Hause zurückgekehrt bin, nachdem ich eineinhalb Monate in Ihrem Hotel gewohnt habe, habe ich überhaupt noch keine Post bekommen.

Ich nehme an, daß meine Verwandten und Freunde ihre Briefe weiterhin an Ihr Hotel geschickt haben.

Wenn es so ist, möchte ich Sie bitten, mir die ganze Post an meine ständige Anschrift, die ich Ihnen nochmals mitteile, nachzuschicken:

Calle Moyano, 51
Valladolid

Ich bedanke mich im voraus und verbleibe

hochachtungsvoll

95. Bitte um Nachsendung eines vergessenen Gegenstandes

Muy Sres. míos:

Con gran sentimiento mío, me he dado cuenta, al abrir las maletas a mi regreso, de que al abandonar el hotel olvidé la cámara fotográfica. Solía dejarla en el cajón de la mesita de noche. Espero que no se haya perdido, y que lo encontrarán Vds. fácilmente en el lugar indicado.

Tengan la amabilidad de remitírmelo por paquete postal, e inmediatamente después de recibirlo, les giraré el importe de los gastos correspondientes.

Les ruego que me disculpen las molestias y con mi sincero agradecimiento, reciban el testimonio de mi consideración más distinguida.

Atte.

Sehr geehrte Herren!

Zu meinem großen Bedauern habe ich nach meiner Rückkehr beim Auspacken der Koffer bemerkt, daß ich beim Verlassen Ihres Hotels meinen Fotoapparat vergessen habe. Ich lege den Apparat gewöhnlich in die Nachttischschublade. Ich hoffe, daß er nicht abhanden gekommen ist, und daß Sie ihn leicht an dem bezeichneten Ort finden werden.

Seien Sie bitte so nett, ihn mir per Postpaket zu schicken. Ich werde Ihnen die Portoauslagen sofort nach Erhalt erstatten.

Ich bitte Sie, mich für die Mühe, die ich Ihnen mache, zu entschuldigen, und empfehle mich Ihnen mit aufrichtigem Dank

hochachtungsvoll

96. Reklamation

Muy Sres. míos:

De regreso en mi casa, he constatado al examinar su cuenta que, indudablemente debido a un error, ha sido incluido el día de mi partida.

Efectivamente, abandoné su hotel el jueves pasado, 6 del corriente, a las 10 de la mañana. Dado que la habitación quedó libre antes de las 12 del mediodía, como está prescrito, no tengo que pagar la noche del 6 al 7.

Espero que reconocerán que mi reclamación está justificada.

Con el testimonio de mi consideración, atte.

Sehr geehrte Herren!

Wieder nach Hause zurückgekehrt, habe ich bei der Durchsicht Ihrer Rechnung festgestellt, daß mein Abreisetag, zweifellos versehentlich, mit aufgeführt wurde.

Tatsächlich habe ich Ihr Hotel am letzten Donnerstag, dem 6. d. M., um 10 Uhr verlassen. Da das Zimmer, wie vorgeschrieben, vor 12 Uhr geräumt war, brauche ich die Nacht vom 6. zum 7. nicht zu bezahlen.

Ich hoffe, daß Sie die Berechtigung meiner Reklamation anerkennen.

Mit vorzüglicher Hochachtung

97. Schadenregulierung bei Verkehrsunfall

Muy Sr. mío:

Como Vd. sabe, su coche chocó el jueves, 15 de marzo, en la Plaza Mayor, con el mío. Recordará Vd. que, en dicha circunstancia, reconoció su responsabilidad y me dijo que prefería abonar Vd. mismo los gastos antes que recurrir a su compañía aseguradora. Por tal motivo, le envié el 20 de marzo la factura pagada de las reparaciones. Desde entonces, no he vuelto a tener noticias suyas. Espero que, de acuerdo con lo que concertamos, se sirva enviarme un cheque en concepto de pago. Dado que hasta el 16 de abril no tenga respuesta de su parte, supondré que no desea arreglar Vd. mismo la cuenta, con lo que remitiré este asunto a su seguro.

Atentamente

Sehr geehrter Herr!

Wie Ihnen bekannt ist, war Ihr Wagen am Donnerstag, dem 15. März an einem Zusammenstoß mit meinem an der Plaza Mayor beteiligt. Sie werden sich erinnern, daß Sie damals zugaben, verantwortlich zu sein, und mir sagten, Sie würden die Kosten lieber selbst tragen, als Ihre Versicherung heranzuziehen. Daher übersandte ich Ihnen am 20. März die quittierte Rechnung für meine Reparaturen. Seitdem habe ich nichts mehr von Ihnen gehört. Ich hoffe, in Übereinstimmung mit unserer Abmachung von Ihnen einen Scheck als Zahlung zu erhalten. Sollte ich bis zum 16. April nichts von Ihnen hören, nehme ich an, daß Sie die Rechnung nicht mehr selbst begleichen möchten, und werde die Angelegenheit Ihrer Versicherung übergeben.

Hochachtungsvoll

98. Rechnungsbeanstandung

a) bei einer Autowerkstatt
Motomobil SA
Calle Mayor, 53
Arévalo (Valladolid)

Muy Sres. míos:

Debido a una avería del motor durante las vacaciones, mi hija tuvo que acudir a sus servicios para poder seguir el viaje. Una vez arreglado el coche, pagó el importe sin fijarse en las reparaciones efectuadas.

Al leer detenidamente la cuenta, veo que especifican Vds. un par de reparaciones que me resultan inexplicables.

Sehr geehrte Herren!

Wegen einer Motorpanne während des Urlaubs mußte meine Tochter Ihre Dienste in Anspruch nehmen, um die Reise fortsetzen zu können. Nachdem das Auto repariert war, zahlte sie den Betrag, ohne sich über die ausgeführten Reparaturen zu informieren.

Beim aufmerksamen Lesen der Rechnung sehe ich, daß Sie einige Reparaturen anführen, die mir unerklär-

Por ejemplo, el cambio de batería, aparte del ajuste de los faros delanteros y el recambio de dos neumáticos.

Dado que había llevado el coche a inspección hace sólo un mes sin que me hicieran observación alguna sobre la necesidad de tales medidas, me figuro que alguno de sus empleados, seguramente con la mejor intención, se ha excedido en el cumplimiento de sus obligaciones. Vds. comprenderán que no puedo aceptar sin más una factura que en modo alguno considero justificada, y espero que Vds. me indiquen cómo se proponen arreglar este asunto. Por mi parte, estaría dispuesto a aceptar la devolución de un tercio del total calculado. De lo contrario, me vería en la desagradable situación de tener que poner este asunto en manos de mi abogado.

Atentamente

lich erscheinen, z. B. das Auswechseln der Batterie abgesehen vom Einstellen der vorderen Scheinwerfer und dem Auswechseln von zwei der Reifen.

Da ich das Auto vor nur einem Monat bei der Inspektion hatte, ohne daß mir von dorther die Notwendigkeit dieser Maßnahmen aufgezeigt worden wäre, nehme ich an, daß einer Ihrer Angestellten, sicherlich in der besten Absicht, in seiner Pflichterfüllung zu weit gegangen ist. Sie werden verstehen, daß ich keine Rechnung akzeptieren kann, die ich in keiner Weise für gerechtfertigt halte und hoffe, daß Sie mir sagen, wie Sie diese Angelegenheit in Ordnung bringen wollen. Ich meinerseits wäre bereit, die Rückerstattung von einem Drittel der Gesamtsumme zu akzeptieren. Sollte das nicht der Fall sein, würde ich mich leider in der unangenehmen Lage sehen, diese Angelegenheit in die Hände meines Rechtsanwalts zu legen.

Hochachtungsvoll

b) bei einer Buchhandlung

Muy Sres. míos:

Acabo de recibir los libros que les encargué durante el verano, y tengo que comunicarles que estoy decepcionado por doble razón; en primer lugar, porque han llegado en estado lamentable, debido a haber sido deficientemente empaquetados; además, me envían una edición de lujo del Quijote, habiéndoles dicho explícitamente que sólo quería libros de bolsillo.

Antes de abonar la cuenta restante, les ruego me comuniquen qué generoso descuento están dispuestos a hacerme para remediar en lo posible tal desaguisado.

Atentamente

Sehr geehrte Herren,

ich habe soeben die Bücher erhalten, die ich im Sommer bestellte und muß Ihnen mitteilen, daß ich in zweifacher Hinsicht enttäuscht bin: einmal, weil sie in desolatem Zustand ankamen, da sie unzureichend verpackt waren; außerdem schicken Sie mir eine Luxusausgabe des Quijote, obwohl ich Ihnen ausdrücklich gesagt hatte, daß ich nur die Taschenbuchausgabe wollte.

Bevor ich die Rechnung bezahle, bitte ich Sie, mir mitzuteilen, welchen großzügigen Nachlaß Sie mir zu gewähren bereit sind, um mich für diese Bescherung zu entschädigen.

Hochachtungsvoll

99. Antwort auf Zeitungsinserat

Sr. Director de
EL PAPEL
Apartado 1234
Oviedo

Muy Sr. mío:

El jueves, 18 de mayo ppdo. apareció en su periódico un anuncio sobre la venta de un arcón gótico, indicando como referencia el mismo periódico. Dado que estoy interesadísimo en semejante oferta, le rogaría me pusiera en contacto con el respectivo vendedor. Soy un comisionista y estoy en condiciones de ofrecer una suma interesante, siempre que se trate de un mueble de la calidad encomiada en el anuncio. Espero con interés sus noticias y le saludo atte.

Sehr geehrter Herr,

am Donnerstag, den 18. Mai, erschien in Ihrer Zeitung eine Anzeige über den Verkauf einer gotischen Truhe, in der als Referenz die Zeitung selbst angegeben war. Da ich an einem solchen Angebot sehr interessiert bin, würde ich Sie bitten, mich mit dem entsprechenden Verkäufer in Verbindung zu bringen. Ich bin Kommissionär und in der Lage, eine interessante Summe anzubieten, wenn es sich um ein Möbelstück der Qualität handelt, die in der Anzeige angepriesen wird. Ich erwarte mit Interesse Ihre Mitteilung.

Mit freundlichen Grüßen

III. Briefe an Behörden

100. An ein spanisches Zollamt

Muy Sres. míos:

El 31 de marzo fue expedido en Colonia un paquete postal dirigido a mí, que contenía . . .

Como dicho paquete no ha llegado todavía, me supongo que habrá sido retenido en la Aduana.

Tal vez el remitente no hizo la declaración en la forma prescrita por la Administración española.

En tal caso, les quedaría muy reconocido si tuvieran la amabilidad de comunicarme cuanto antes las informaciones que precisan, a fin de poder yo solicitar del remitente que se las proporcione sin demora.

Dado que necesito urgentemente el contenido de dicho paquete, les quedaría muy reconocido si tramitaran este asunto lo antes posible.

Atentamente

Sehr geehrte Herren!

Am 31. März wurde in Köln ein Postpaket an mich abgesandt, das . . . enthielt.

Da dieses Paket noch nicht angekommen ist, nehme ich an, daß es auf dem Zollamt zurückgehalten wurde.

Vielleicht hat der Absender seine Zollerklärung nicht so abgegeben, wie es die spanischen Behörden vorschreiben.

In diesem Fall wäre ich Ihnen sehr dankbar, wenn Sie mir baldmöglichst mitteilten, welche Auskünfte Sie benötigen, damit ich den Absender bitten kann, sie Ihnen unverzüglich zu geben.

Da ich den Inhalt des genannten Pakets dringend benötige, wäre ich Ihnen sehr verbunden, wenn Sie die Angelegenheit so bald wie möglich bearbeiten würden.

Hochachtungsvoll

101. Bitte um Aufenthaltserlaubnis

Ministerio del Interior
Paseo de la Castellana, 5
28071 Madrid

Muy Sres. míos:

Desearía prolongar mi permiso de residencia en España hasta el 31 de diciembre del año en curso.

Innenministerium
Paseo de la Castellana, 5
28071 Madrid

Sehr geehrte Herren,

ich möchte meine ständige Aufenthaltsgenehmigung in Spanien bis zum 31. Dezember des laufenden Jahres verlängern.

Soy ciudadano de la República Federal de Alemania, y en la actualidad me encuentro en España para seguir cursos de Lengua y Literatura españolas en la Universidad Complutense de Madrid. En un principio había proyectado un cursillo de verano en Santander, pero veo que prolongando mi estancia en España podría concluir mis estudios con el certificado del Instituto Cervantes, cuyos exámenes tienen lugar en el mes de diciembre.

Les quedaría muy agradecido si tuvieran la amabilidad de facilitarme los formularios precisos e indicarme las instancias que se requieren para obtener la prolongación del permiso de residencia hasta la fecha indicada.

Con la expresión de mi mayor consideración,

Ich bin Bürger der Bundesrepublik Deutschland und befinde mich zur Zeit in Spanien, um an Kursen zur spanischen Sprache und Literatur an der Universität Complutense von Madrid teilzunehmen. Ich hatte ursprünglich einen Sommerkurs in Santander geplant, aber ich habe festgestellt, daß ich, wenn ich meinen Aufenthalt in Spanien verlängere, mein Studium mit einem Zertifikat des Cervantes-Instituts abschließen kann, dessen Prüfungen im Monat Dezember stattfinden.

Ich wäre Ihnen sehr dankbar, wenn Sie so freundlich wären, mir die entsprechenden Formulare zuzuschicken und mir die Schritte aufzuzeigen, die nötig sind, um die Verlängerung der Aufenthaltsgenehmigung bis zum genannten Zeitpunkt zu erhalten.

Hochachtungsvoll

102. Universitätszulassung

Sr. Secretario de la
Universidad de Oviedo

Muy Sr. mío:

Soy estudiante de Derecho de la Universidad de Augsburgo y tendría mucho interés en seguir uno o dos cursos en la Facultad de Derecho de esa Universidad. Mis conocimientos de español me permiten seguir las lecciones sin dificultad, pues previamente estudié tres años en el Centro Lingüístico de esta Universidad.

Dado que ignoro los requisitos necesarios para matricularme en Oviedo, le quedaría muy agradecido si me facilita-

Sehr geehrter Herr,

ich bin Jura-Student an der Universität Augsburg und hätte ein sehr großes Interesse daran, einen oder zwei Kurse (1 Kurs = 2 Semester) an der juristischen Fakultät Ihrer Universität zu absolvieren. Meine Spanischkenntnisse erlauben es mir, den Vorlesungen ohne Schwierigkeiten zu folgen, da ich zuvor drei Jahre am Sprachenzentrum dieser Universität studiert hatte.

Da ich die nötigen Schritte für eine Einschreibung in Oviedo nicht kenne, wäre ich Ihnen sehr dankbar, wenn Sie

ra la información necesaria al respecto. No me propongo graduarme en su universidad, sino únicamente prepar mi especialización en Derecho comparado.

También me interesaría saber si existe algún tipo de ayudas a estudiantes extranjeros, en forma de becas por ejemplo. Igualmente desearía saber si es posible obtener plaza en alguna residencia universitaria, y, naturalmente, le agradecería también que me informara sobre las tasas académicas. En fin, cualquier información que Vd. considere oportuna sería muy bien recibida, y ya de antemano le quedo muy agradecido por su amabilidad.

Muy atentamente

mir die entsprechenden notwendigen Informationen zukommen lassen könnten. Ich habe nicht die Absicht, an Ihrer Universität einen akademischen Grad zu erwerben, sondern lediglich meine Spezifizierung in vergleichendem Recht vorzubereiten.

Ich würde auch gern erfahren, ob es irgendeine Art von Unterstützung für ausländische Studenten gibt, in Form von Stipendien z. B. Ebenso möchte ich gerne wissen, ob es möglich ist, einen Platz in einem Studentenheim zu bekommen, und selbstverständlich wäre ich Ihnen auch dankbar, wenn Sie mich über die akademischen Gebühren informieren würden. Also, jegliche Information, die Sie für nötig halten, ist mir willkommen. Im voraus besten Dank für Ihre Liebenswürdigkeit.

Mit freundlichen Grüßen

103. Anfrage bei Versicherung wegen Verkehrsunfall

Compañía de Seguros
"La Fortuna"
Calle del Prado, 50
Badajoz

Muy Sres. míos:

Ayer, en una ligera colisión, quedó mi coche averiado. El automovilista que chocó conmigo me ha dado su nombre, su dirección y el nombre de su Compañía de Seguros. Sin embargo, como soy extranjero, no estoy al tanto de la manera de proceder. ¿Me sería posible hacer reparar el coche en un taller y enviar la factura a su Compañía? ¿O tengo que pagar yo la cuenta y esperar a un rembolso ulterior? ¿O bien, finalmente, debo esperar a que el

Versicherungsgesellschaft
„La Fortuna"
Calle del Prado, 50
Badajoz

Sehr geehrte Herren!

Gestern wurde mein Wagen bei einem leichten Zusammenstoß beschädigt. Der andere Fahrer gab mir seinen Namen, seine Anschrift und den Namen Ihrer Versicherungsgesellschaft. Da ich jedoch Ausländer bin, bin ich nicht sicher, wie ich jetzt vorgehen soll. Kann ich meinen Wagen in einer Werkstatt reparieren lassen und die Rechnung an die Versicherung schikken? Oder muß ich die Rechnung selbst bezahlen und auf spätere Wiedererstattung hoffen? Oder, als letztes, muß ich darauf warten, daß die Versi-

Seguro calcule los costes probables antes de que me reparen el coche?

Soy miembro del Club Automovilístico Alemán (° ...), y espero tengan la amabilidad de asesorarme.

Con mi agradecimiento de antemano,

atte.

cherung die Kosten veranschlagt, ehe ich meinen Wagen überhaupt reparieren lasse?

Ich bin Mitglied des deutschen Automobilclubs (meine Mitgliedsnummer ist ...), und ich hoffe, Sie sind so freundlich, mich zu beraten.

Mit bestem Dank im voraus zeichne ich

hochachtungsvoll

104. Meldung eines Verkehrsunfalls an die Versicherung

Seguros La Estrella
Madrazo, 36
Pamplona

Muy Sres. míos:

El jueves pasado, 16 de agosto, a las 13,45, mi coche estuvo implicado en un accidente ocurrido en la carretera de Logroño a la salida de Pamplona. Un Seat con matrícula NA-2948B, perteneciente a D. Antonio Arriondas Gómez, domiciliado en Pamplona, calle Tafalla, 75–5° dcha. y conducido por la esposa de dicho señor, no respetó un semáforo en rojo y, tras atropellar a un motorista, chocó de refilón con mi coche, pese a que yo había frenado aun teniendo luz verde. En consecuencia, me veo precisado a interrumpir mi viaje a Zaragoza, dado que mi coche ha quedado seriamente averiado. Actualmente ha sido remolcado a un garaje sito en la calle Uría, 25.

Antes de proceder a la reparación, me dirijo a Vds. según los datos facilitados por la conductora causante del acci-

Versicherungen La Estrella
Madrazo, 36
Pamplona

Sehr geehrte Herren,

letzten Donnerstag, den 16. August, um 13.45 Uhr, war mein Auto in einen Unfall verwickelt, der auf der Landstraße nach Logrono bei der Ausfahrt nach Pamplona passierte. Ein Seat mit der Nummer NA-2948B, Eigentümer D. Antonio Arriondas Gómez mit Wohnsitz in Pamplona, Tafallastraße 75, 5°, rechts, der gefahren wurde von der Ehefrau des genannten Herrn, mißachtete die rote Ampel und stieß, nachdem er einen Motorradfahrer überfahren hatte, schräg mit meinem Auto zusammen, trotzdem ich gebremst hatte, obwohl ich grünes Licht hatte. Als Folge davon sehe ich mich gezwungen, meine Reise nach Zaragoza zu unterbrechen, da mein Auto schwer beschädigt wurde. Es wurde jetzt zu einer Werkstatt in der Uría-Straße 25 abgeschleppt.

Bevor ich das Auto reparieren lasse, wende ich mich an Sie entsprechend den Angaben, die die Fahrerin des den

dente, quien ante la policía se declaró culpable, rogándoles me comuniquen lo antes posible si, efectivamente, asumen los costes de la reparación de mi coche. Se trata de la rueda delantera izquierda, ambos faros delanteros, el guardabarros izquierdo y el parachoques. Espero que, entretanto, el dueño del coche que ocasionó el accidente se haya puesto en contacto con Vds.

Atentamente

oder

Dado que necesito urgentemente el coche, me he permitido hacerlo reparar inmediatamente para poder seguir viaje a Zaragoza. Adjunto la factura del garaje, por valor de 15 000 pesetas, ya abonada por mí, con el ruego de que giren lo antes posible dicha suma a la cuenta bancaria siguiente: . . .

Unfall verursachenden Wagens mir gab, die sich auch vor der Polizei für schuldig erklärte, und ich bitte Sie, mir so bald als möglich mitzuteilen, ob Sie tatsächlich die Kosten für die Reparatur meines Autos übernehmen. Es handelt sich um das vordere linke Rad, beide vorderen Scheinwerfer, den linken Kotflügel und die Stoßstange. Ich hoffe, daß sich inzwischen der Eigentümer des Wagens, der den Unfall verursachte, mit Ihnen in Verbindung gesetzt hat.

Hochachtungsvoll

oder

Da ich das Auto dringend brauche, habe ich mir erlaubt, es sofort reparieren zu lassen, um die Reise nach Zaragoza fortsetzen zu können. Anbei erhalten Sie die Rechnung der Werkstatt über Ptas. 15 000,–, die bereits von mir bezahlt wurde, mit der Bitte, die genannte Summe so schnell wie möglich auf folgendes Bankkonto zu überweisen: . . .

105. Meldung eines Diebstahls an die Polizei

Comisaría de Policía Las Corts
Muy Sres. míos:

Con la presente, doy parte del robo de un transistor y de una cartera de cuero color pardo, que contenía libretas y manuales de medicina.

Ayer, a las 3 de la tarde, dejé estacionado mi coche (un Volkswagen azul, matrícula WI-BR 486) bien cerrado, en la calle de Pedralbes. Al volver, media hora más tarde, la ventanilla lateral había sido forzada y los objetos mencionados habían desaparecido.

Polizeikommissariat Las Corts
Sehr geehrte Herren!

Ich zeige hiermit den Diebstahl eines Transistorradios und einer braunen Lederaktentasche an, die Notizbücher und medizinische Lehrbücher enthielt.

Ich ließ meinen Wagen (einen blauen Volkswagen, Kennzeichen WI-BR 486) gestern nachmittag um 3 Uhr verschlossen in der calle de Pedralbes stehen. Als ich eine halbe Stunde später dorthin zurückkam, war das Seitenfenster aufgebrochen und die erwähnten Gegenstände waren fort.

Tengo escasas esperanzas de recuperar el transistor o la cartera con los libros de estudio. Sin embargo, tal vez sería posible que el ladrón tire en algún lugar las libretas, ya que carecen de valor material. En el caso de que dichas libretas vayan a parar a sus manos – o bien, naturalmente, alguno de los otros objetos desaparecidos –, ¿serían tan amables en comunicármelo? Mi nombre puede leerse tanto en las libretas como en el interior de la tapa de la cartera.

Con mi agradecimiento anticipado,

atte.

Ich habe wenig Hoffnung, das Radio oder die Aktentasche und die Lehrbücher wiederzubekommen. Jedoch erscheint es möglich, daß der Dieb vielleicht die Notizbücher wegwirft, da sie keinen Geldwert haben. Dürfte ich Sie bitten, mich zu benachrichtigen, falls die Notizen – oder selbstverständlich auch irgend etwas anderes von dem gestohlenen Gut – in Ihre Hände kommt? Mein Name steht sowohl in den Notizbüchern als auch auf der inneren Klappe der Aktentasche.

Mit bestem Dank im voraus verbleibe ich hochachtungsvoll

106. Meldung eines Verlustes an die Polizei

Muy Sres. míos:

Con la presente, pongo en conocimiento de Vds. la pérdida de una cartera de cuero azul oscuro que contenía mi documento de identidad, fotografías, un permiso de conducir alemán y unas 25 000 pesetas. Creo que dejé olvidada la cartera ayer hacia las siete y media de la tarde en la cabina telefónica situada en la esquina de Paseo de Gracia y Plaza de Cataluña. Esta mañana, al darme cuenta de la pérdida, me dirigí inmediatamente a la cabina, pero la cartera había desaparecido. Estoy dispuesto a recompensar generosamente a la persona que devuelva la cartera con su contenido.

Caso de ser devuelta la cartera, les quedaría sumamente reconocido si me lo comunicaran inmediatamente a la dirección arriba mencionada. El miérco-

Sehr geehrte Herren!

Hiermit möchte ich den Verlust einer dunkelblauen Lederbrieftasche anzeigen, die meinen Personalausweis, Fotografien, einen deutschen Führerschein und etwa 25 000 Peseten enthielt. Ich glaube, ich habe die Brieftasche gestern in der Telefonzelle an der Ecke Paseo de Gracia und Plaza de Cataluña gegen 19.30 Uhr liegengelassen. Heute morgen, als ich den Verlust entdeckte, ging ich sofort zu der Telefonzelle, aber die Brieftasche war nicht mehr da. Ich bin bereit, eine Belohnung für die Rückgabe der Brieftasche mit Inhalt auszusetzen.

Falls die Brieftasche abgeliefert worden ist, wäre ich Ihnen sehr dankbar, wenn Sie es mir unter obiger Anschrift unverzüglich mitteilten. Am Mittwoch, dem 9. Dezember, fahre ich jedoch nach Heidelberg, Deutschland, zurück, wo ich wohne. Sollte die Brieftasche

les, 9 de diciembre, regresaré a Heidelberg (Alemania), donde tengo mi domicilio. Si la cartera fuera devuelta después de la fecha indicada, les agradecería encarecidamente que me la enviaran, tras haber pagado la recompensa y deducido los gastos de envío del dinero que contiene, a la siguiente dirección:

69 Heidelberg
Fliederweg 110
República Federal de Alemania

Si fuera devuelta la cartera sin el dinero, pero con los documentos, les rogaría que me lo comunicaran.

Atte.

danach abgegeben werden, wäre ich Ihnen außerordentlich dankbar, wenn Sie die Belohnung von dem Geld bezahlen, die Portokosten abziehen und mir den Rest an folgende Adresse zusenden würden:

69 Heidelberg
Fliederweg 110
Bundesrepublik Deutschland.

Sollte die Brieftasche ohne das Geld, aber mit den Papieren usw. abgegeben werden, benachrichtigen Sie mich bitte.

Hochachtungsvoll

C. KURZMITTEILUNGEN

Telegramme

Llegaré martes siete media tarde (reservad habitación)	Eintreffe Dienstag abend 19.30 Uhr (reserviert Zimmer)
Viaje aplazado sigue carta	Abreise verschoben Brief folgt
Detenido negocios volveré (o: llego) sábado	Geschäftlich aufgehalten zurückkomme (oder: eintreffe) Sonnabend
Perdimos autobús tomamos tren	Omnibus versäumt nehme Zug
Avería llegaremos mañana	(Haben) Panne ankommen morgen
Debemos partir mañana sírvase aplazar visita	Müssen morgen verreisen bitte Besuch verschieben
Carlos enfermo desea verle(s)	Carlos erkrankt verlangt nach Ihnen (nach Euch)
Vengan inmediatamente Carlos enfermo	Kommt schnell Carlos erkrankt
Sin noticias desde Pascua inquieto telegrafiar	Ohne Nachricht seit Ostern unruhig telegrafiert
Telegrafiar si recibió carta	Telegrafiert ob Brief erhalten
Gire telegráficamente 50 000 pesetas	Überweist telegrafisch 50 000 Peseten
Aprobado [examen]	[Examen] bestanden
Sincera enhorabuena	Herzlichen (oder: aufrichtigen) Glückwunsch
Enhorabuena magnífico éxito *Cordialmente (afectuosamente)*	Glückwunsch zum großartigen Erfolg Herzlichst
Papá grave ven Manolo	Papa schwer krank komm Manolo
Luisito nació ayer mañana 6 horas Susana perfectamente Saludos	Luisito gestern früh 6 Uhr geboren Susana gesund Viele Grüße
Bien operación Carlos	Operation gut Carlos
Padre falleció esta mañana entierro jueves 12 horas	Vater heute morgen entschlafen Beerdigung Donnerstag 12 Uhr
Abuela falleció esta noche Estoy consternado	Großmutter heute morgen entschlafen Bin sehr traurig
Llegada Chamartín 12.30 Recógeme	Ankunft Chamartín 12.30 Uhr, abholen
Vuelo cancelado huelga, Llego lunes misma hora	Flug abgesagt Streik, komme Montag gleiche Stunde
Felicidades cumpleaños, Saludos	Geburtstagsglückwunsch, Grüße
Felices navidades Votos año nuevo	Frohe Weihnachten, Glückwünsche neues Jahr
Enhorabuena para boda, Los mejores deseos	Glückwunsch zur Hochzeit, beste Wünsche

(Cordial) Enhorabuena para los dos	(Herzlichen) Glückwunsch Euch beiden
Enhorabuena por éxito examen / excelentes notas / ascenso / nuevo trabajo (puesto) / bodas de plata / nacimiento primogénito	Glückwunsch zum Examenserfolg / tolle Noten / Aufstieg / neue Position / Silberhochzeit / Geburt des Stammhalters

Antwort

Encantados noticia nacimiento Luisito Enhorabuena Saludos	Freuen uns über Geburt von Luisito Glückwünsche und beste Grüße
Sincera felicitación mejores votos Saludos	Aufrichtige Glückwünsche und beste Grüße
Sincero pésame acompañamos sentimiento	Tiefes Beileid nehmen aufrichtigen Anteil an *Ihrem (Eurem)* Schmerz
Profundamente afligidos (Profunda emoción) compartimos *[vuestro]* dolor	Tief erschüttert teilen *Ihren (Euren)* Schmerz

Postkartengrüße

Navidades	*Weihnachten*
Felices Navidades y los mejores deseos de . . .	Frohe Weihnachten und die besten Wünsche von . . .
Felices Navidades y Próspero Año Nuevo	Frohe Weihnachten und ein glückliches neues Jahr
Año Nuevo	*Neues Jahr*
Próspero y venturoso Año Nuevo	Glückliches und erfolgreiches neues Jahr
Cumpleaños	*Geburtstag*
Con motivo de tu cumpeaños te deseo lo mejor y que cumplas muchos más	Zu Deinem Geburtstag wünsche ich Dir das Allerbeste, und noch viele Jahre mehr.
General	*Allgemein*
Muchos saludos y recuerdos para todos os envían . . .	Viele Grüße an alle senden Euch . . .
Desde París, un saludo muy cordial de . . .	Aus Paris ein ganz herzlicher Gruß von

Einladungen

private

Juan Antonio Aparicio Rodríguez
Amparo Fernández de Aparicio
tienen el gusto de saludarles cordialmente, y les ruegan que tengan a bien honrarles con su presencia en la velada del 14 de marzo a las 21 horas.

Herr und Frau Aparicio übermitteln Ihnen ihre Grüße und laden Sie höflichst zu ihrer Abendgesellschaft am 14. März um 21 Uhr ein.

offizielle

La Peña Deportiva X se honra invitándole a Vd. (y Señora) a su tradicional Fiesta de Primavera, que se celebrará el sábado 14 de mayo de 19.. a partir de las 20 horas en el salón de baile del Hotel Y.

Se suplica respuesta.

El Presidente
XXX

Der Sportverein von X gibt sich die Ehre, Sie zu seinem traditionellen Frühlingsfest einzuladen, das am Sonnabend, dem 14. Mai 19.. ab 20 Uhr im Tanzsaal des Hotels Y stattfindet.

Um Antwort wird gebeten.

Der Vorsitzende
XXX

Antwort

Luis López-Rozas
Marina Polo de López-Rozas
agradecen a los Señores de Aparicio Rodríguez su *amable (simpática)* invitación, *que aceptan con sumo gusto (que lamentan no poder aceptar debido a un compromiso anterior).*

Herr und Frau López-Rozas danken Herrn und Frau Aparicio für ihre *liebenswürdige (freundliche)* Einladung, *die sie gern annehmen (die sie wegen einer früheren Verpflichtung leider nicht annehmen können).*

D HÄUFIG GEBRAUCHTE WENDUNGEN

Briefbeginn: Dank

Muchas gracias por *tu carta (tu tarjeta / tu invitación / tu llamada / su respuesta).*

Vielen Dank für *Deinen Brief (Deine Karte / Deine Einladung / Deinen Anruf / Ihre Antwort).*

Briefbeginn: Anlaß

1. Te quedo muy agradecida por las lindas flores ... – 2. Me gustaría saber si existe una posibilidad de encontrarnos ... – 3. Quisiera comunicarle que *durante el mes de agosto estaré en España (me he prometido con ... / me casaré con ... / tengo un nuevo empleo / he aprobado el examen).*

1. Ich möchte Dir [sehr] für die hübschen Blumen danken ... – 2. Ich wüßte gern, ob die Aussicht besteht, daß wir uns ... treffen. – 3. Ich möchte Ihnen mitteilen, *daß ich während des August in Spanien bin (daß ich mich mit ... verlobt habe / daß ich ... heiraten werde / daß ich eine neue Stellung habe / daß ich meine Prüfung bestanden habe).*

Gesundheit des Empfängers oder seiner Angehörigen

1. ¿Qué tal estás? – 2. Espero que te vaya mejor de nuevo. – 3. Espero que pronto vuelvas a estar mejor. – 4. ¿Te has recuperado del resfriado? – 5. Espero que el brazo irá curando. – 6. Espero que te recuperes lo antes posible. – 7. Sentí mucho enterarme de que estás *enfermo (en el hospital).* – 8. ¿Qué tal está tu madre? – 9. ¿Está tu padre mejor? – 10. Dile a tu madre que le deseo una rápida recuperación. – 11. Me he enterado con gran sentimiento de que *tu marido (Paco) se encuentra enfermo (en el hospital).*

1. Wie geht es Dir? – 2. Ich hoffe sehr, Dir geht es jetzt wieder besser. – 3. Ich hoffe, es geht Dir bald wieder besser. – 4. Hast Du Deine Erkältung ganz überwunden? – 5. Ich hoffe, Dein Arm heilt gut. – 6. Ich hoffe sehr, Du erholst Dich schnell. – 7. Es tat mir leid zu hören, daß Du *krank (im Krankenhaus)* bist. – 8. Wie geht es Deiner Mutter? – 9. Geht es Deinem Vater jetzt wieder besser? – 10. Bestelle Deiner Mutter bitte meine besten Wünsche für eine rasche Genesung. – 11. Es tat mir [sehr] leid zu hören, daß *Dein Mann (Paco) krank (im Krankenhaus) ist.*

Gesundheit des Schreibers oder seiner Angehörigen

1. Estoy bien. – 2. Mi madre está bien. – 3. Estoy resfriado. – 4. Estoy totalmente recuperado del resfriado. – 5. Me alegro de que Paco se haya repuesto de la gripe. – 6. El resfriado de Lola ha desaparecido por completo. – 7. Me encuentro *un poquito (mucho)* mejor. – 8. He pasado *algún tiempo (varios días / varias semanas)* algo fastidiado. – 9. *Tendré (mi madre tendrá)* que ir *pronto (el martes / la semana que viene)* al hospital para *operarme (operarse / una observación / un tratamiento)*. – 10. Acabo de llegar del hospital. – 11. Paco llegó *la semana pasada (el jueves)* del hospital.

1. Mir geht es gut. – 2. Meiner Mutter geht es gut. – 3. Ich bin erkältet. – 4. Ich habe mich von meiner Erkältung völlig erholt. – 5. Ich bin froh, daß Paco sich von seiner Grippe ganz erholt hat. – 6. Lolas Erkältung ist jetzt ganz vorüber. – 7. Ich fühle mich *ein bißchen (viel)* besser. – 8. Ich habe mich *eine Zeitlang (mehrere Tage / wochenlang)* nicht recht wohlgefühlt. – 9. *Ich komme (meine Mutter kommt) bald (am Dienstag / nächste Woche) zur Operation (Beobachtung / Behandlung)* ins Krankenhaus. – 10. Ich bin gerade aus dem Krankenhaus gekommen. – 11. Paco ist *vorige Woche (am Donnerstag)* aus dem Krankenhaus gekommen.

Wetter

1. Tenemos un tiempo magnífico *en la actualidad (de momento)*. – 2. Este año, la primavera viene con retraso. – 3. Aquí hace de momento un calor enorme. – 4. Hemos tenido un verano *maravilloso (horrible)*. – 5. Estamos pasando una auténtica ola de calor. – 6. Hace *mucho (muchísimo)* frío. – 7. Hace fresco y está cubierto. – 8. Está nublado, pero no hace frío. – 9. La última noche heló. – 10. La semana pasada nevó. – 11. El jardín necesita [urgentemente] lluvia. – 12. *Ultimamente (los últimos días)* ha sido muy llovioso. – 13. El otoño ha sido magnífico. – 14. ¿Qué tiempo habéis tenido? – 15. Espero que hayáis tenido buen tiempo. – 16. ¿Habéis tenido un *invierno riguroso (hermoso verano)?*

1. Das Wetter ist *zur Zeit (augenblicklich)* wunderschön. – 2. Der Frühling kommt in diesem Jahr spät. – 3. Es ist hier augenblicklich sehr heiß. – 4. Wir haben einen *wunderschönen (scheußlichen)* Sommer gehabt. – 5. Wir haben gerade eine richtige Hitzewelle. – 6. Es ist *sehr (schrecklich)* kalt. – 7. Es ist kühl und bedeckt. – 8. Es ist bewölkt, aber nicht kalt. – 9. Heute nacht hatten wir Frost. – 10. Letzte Woche hat es geschneit. – 11. Der Garten braucht [dringend] Regen. 12. In *letzter Zeit (den letzten Tagen)* ist es sehr regnerisch gewesen. – 13. Es war ein herrlicher Herbst. – 14. Wie war das Wetter bei Euch? – 15. Ich hoffe, Ihr habt gutes Wetter gehabt. – 16. Habt Ihr einen *strengen Winter (schönen Sommer)* gehabt?

Neuigkeiten

1. Escríbeme comunicándome cómo os va [a todos]. – 2. Me gustaría saber cómo te ha ido entretanto. – 3. Me he acordado mucho de ti y quisiera saber cómo te va *(en Málaga / en tu nuevo empleo)*. – 4. Hace tiempo que no tengo noticias tuyas. – 5. ¿Te gusta el nuevo trabajo? – 6. ¿Te gusta [la vida en] Sevilla? – 7. ¿Te has ido acostumbrando ya a Salamanca? – 8. ¿Qué tal marchan los niños en el colegio? – 9. ¿Has tenido noticias de *Manolita (los Serrano)*? – 10. Escríbeme [cuando tengas tiempo] y cuéntame cómo te va. – 11. Me he visto precisada a escribiros para contaros cómo nos encontramos. – 12. Deseaba contarte las nuevas que hay por aquí.

1. Schreibe mir doch, wie es Euch [allen] geht. – 2. Ich möchte gern wissen, wie es Dir inzwischen ergangen ist. – 3. Ich habe viel an Dich gedacht und möchte gern wissen, wie es Dir *(in Málaga / in Deiner neuen Stellung)* geht. – 4. Ich habe lange nichts von Dir gehört. – 5. Gefällt Dir Deine neue Arbeit? – 6. Gefällt es Dir in Sevilla? – 7. Hast Du Dich in Salamanca schon ganz eingelebt? – 8. Wie kommen die Kinder in der Schule voran? – 9. Hast Du irgend etwas Neues von *Manolita (den Serranos)* gehört? – 10. Schreib mir doch, [wenn Du Zeit hast,] wie es Dir geht. – 11. Ich mußte Euch einfach schreiben, wie es uns geht. – 12. Ich wollte Dir erzählen, was es Neues bei uns gibt.

Geburt (s. Brief 1)

1. Deseábamos comunicarte en seguida que tenemos un niño. Nació el martes en el hospital Santa Isabel. – 2. Pili y el niño están bien. – 3. Cuando nació pesaba 3 kg y medio. – 4. Se llama Sebastián. – 5. Con seguridad os alegrará la noticia de que Pili *dio a luz (tuvo)* una niña el 21 de marzo. – 6. Llevará el nombre de las dos ebuelas, Ana Isabel.

1. Wir wollten Dich gleich wissen lassen, daß wir einen Jungen haben. Er wurde am Dienstag im St.-Elisabeth-Krankenhaus geboren. – 2. Pili und dem Kind geht es gut. – 3. Er wog bei der Geburt 7 Pfund. – 4. Er heißt Sebastian. – 5. Ihr werdet Euch bestimmt freuen, wenn Ihr erfahrt, daß Pili am 21. März eine Tochter *geboren (bekommen)* hat. – 6. Sie wird nach ihren beiden Großmüttern Anna Elisabeth heißen.

Taufe (s. Brief 2)

Eva será bautizada (bautizaremos a la niña) el domingo a las 12.30 en la iglesia de San Miguel, y esperamos que podréis asistir a la ceremonia y a continuación pasáis por casa a tomar el aperitivo.

Eva wird (Wir lassen das Baby) am Sonntag um 12.30 Uhr in der St.-Michael-Kirche *getauft (taufen)*, und wir hoffen, daß Ihr zum Gottesdienst kommen könnt und anschließend zu uns zum Aperitif kommt.

Verlobung (s. Brief 3)

1. Me he prometido con Julita Romero. – 2. [Nuestro hijo] Pedro se ha prometido con *Julita Romero (una muchacha que conoció en México / una vieja amiga / una compañera de estudios / una simpatiquísima muchacha holandesa)*. – 3. Con la presente te comunico que me he prometido con Charo Cereceda, una compañera de carrera.

1. Ich habe mich mit Julita Romero verlobt. – 2. [Unser Sohn] Pedro hat sich mit Julita Romero *(einem Mädchen, das er in Mexiko kennengelernt hat / einer alten Freundin / einer Studienfreundin / einem sehr netten holländischen Mädchen)* verlobt. – 3. Ich möchte Dir mitteilen, daß ich mich mit Charo Cereceda verlobt habe, einem Mädchen, mit dem ich zusammen studiert habe.

Hochzeit (s. Brief 4, 5)

1. [Nuestro hijo] Fernando contraerá matrimonio el viernes en la iglesia de Santiago. – 2. [Nuestra hija] Maite y Angel Morán se casaron el mes pasado. – 3. Su nueva dirección es Sebastián Elcano 52,3° izq., Córdoba. – 4. Nuestra boda ha sido fijada para el 15 de mayo, y espero que te será posible venir. – 5. Las invitaciones formales las enviaremos más adelante.

1. [Unser Sohn] Fernando wird am Freitag in der St.-Jakob's-Kirche getraut. – 2. [Unsere Tochter] Maite und Angel Morán haben im vorigen Monat geheiratet. – 3. Ihre neue Adresse ist Sebastián Elcano 52,3° links, Córdoba. – 4. Unsere Hochzeit ist auf den 15. Mai festgesetzt, und ich hoffe, es wird Dir möglich sein zu kommen. – 5. Offizielle Einladungen versenden wir später.

Tod (s. Brief 6)

1. Te entristecerá la noticia de que mi padre murió [súbitamente] el jueves [tras corta enfermedad]. – 2. *Me veo en la triste obligación de comunicarte (Te escribo para comunicarte)* que Aurora falleció el viernes. – 3. El funeral tendrá lugar el lunes a las 3 de la tarde en la iglesia de San Francisco de Murcia. – 4. Te quedo hondamente agradecido por haberte interesado por mi madre. – 5. Desgraciadamente he de comunicarte que falleció el pasado mes de marzo. – 6. El único consuelo es que *tuvo pocos dolores (no tuvo que sufrir mucho / apenas tuvo sufrimientos)*. – 7. Para ella fue una verdadera redención.

1. Es wird traurig für Dich sein zu erfahren, daß mein Vater [nach kurzer Krankheit] am Donnerstag [plötzlich] gestorben ist. – 2. *Ich muß Dir mitteilen, (Ich schreibe Dir, um Dir mitzuteilen,)* daß Aurora am Freitag gestorben ist. – 3. Die Trauerfeier findet am Montag um 3 Uhr nachmittags in der Franziskus-Kirche in Murcia statt. – 4. Vielen Dank, daß Du Dich nach meiner Mutter erkundigst. – 5. Leider muß ich Dir mitteilen, daß sie im vergangenen März gestorben ist. – 6. Der einzige Trost ist, *daß sie wenig Schmerzen hatte (nicht viel leiden mußte / gar nicht leiden mußte)*. – 7. Es war eine gnädige Erlösung für sie.

Prüfung (s. Brief 16)

1. El mes que viene tengo el examen final. – 2. Me propongo *hacer el (presentarme al)* examen final de derecho en julio. – 3. El mes pasado aprobé el examen de español. – 4. Los resultados del examen se darán a conocer en junio. – 5. Siento no haber aprobado en diciembre el examen de español. – 6. Lo intentaré otra vez en junio. – 7. Una asignatura ha quedado pendiente; lo cual significa que no tengo que repetir el examen entero, sino sólo esa asignatura.

1. Im nächsten Monat mache ich meine Abschlußprüfung. – 2. Ich habe vor, meine juristische Abschlußprüfung im Juli abzulegen. – 3. Im letzten Monat habe ich meine Spanischprüfung bestanden. – 4. Die Ergebnisse meiner Prüfung werden erst im Juni bekanntgegeben. – 5. Leider habe ich die Spanischprüfung im Dezember nicht bestanden. – 6. Ich möchte es im Juni noch einmal versuchen. – 7. In einer Prüfungsarbeit wurde ich zurückgestellt; das bedeutet, daß ich diese Arbeit, nicht etwa das ganze Examen, noch einmal machen muß.

Glückwünsche zur Geburt (s. Brief 7)

1. Mi cordial enhorabuena por el nacimiento de vuestra hijita. – 2. Con gran alegría nos hemos enterado del nacimiento de Juan Manuel, y os felicitamos cordialísimamente.

1. Ich gratuliere herzlichst zur Geburt Eurer Tochter. – 2. Mit großer Freude haben wir von Juan Manuels Geburt gehört und senden Euch unsere allerherzlichsten Wünsche.

Glückwünsche zur Verlobung (s. Brief 8)

1. La noticia de vuestro compromiso matrimonial me ha llenado de alegría. Para ti y para Ramón mis mejores deseos de felicidad. – 2. ¡Te felicito de todo corazón por tu compromiso matrimonial con Marisa! – 3. Estoy seguro de que seréis felices. – 4. Os deseo a los dos toda suerte de felicidades.

1. Ich habe mich sehr über die Nachricht von Eurer Verlobung gefreut. Dir und Ramón meine besten Wünsche für Euer Glück. – 2. Ich gratuliere Dir herzlichst zu Deiner Verlobung mit Marisa! – 3. Ihr werdet bestimmt sehr glücklich werden. – 4. Ich wünsche Euch beiden viel Glück.

Glückwünsche zur Hochzeit (s. Brief 9, 10)

1. Mis mejores deseos de felicidad con ocasión de vuestra boda. – 2. Me he alegrado enormemente al recibir la noticia de vuestra boda, y os deseo a ti y a *tu novio (Miguel)* lo mejor para vuestro

1. Meine besten Glückwünsche zu Eurer Hochzeit. – 2. Ich habe mich sehr über die Nachricht von Eurer bevorstehenden Hochzeit gefreut und wünsche Dir und *Deinem Verlobten*

futuro. – 3. Fue para mí una gran alegría la noticia de la [próxima] boda de Carlota. – 4. ¡Transmítele mi más cordial felicitación!

(Miguel) das Beste für die Zukunft. – 3. Ich habe mich sehr gefreut, als ich von Carlotas [bevorstehender] Hochzeit hörte. – 4. Übermittle ihr meine herzlichsten Glückwünsche!

Glückwünsche zum Geburtstag (s. Brief 11, 12, 13)

1. ¡Que celebres muchos [años] más! – 2. Felicidades en el día de *tu (su)* cumpleaños. – 3. ¡Los mejores deseos en tu cumpleaños! – 4. Querida Isabel, te deseo lo mejor en tu cumpleaños.

1. Noch viele glückliche Jahre! – 2. Viel Glück zum Geburtstag. – 3. Zu Deinem Geburtstag die besten Wünsche! – 4. Ich wünsche Dir, liebe Isabel, zum Geburtstag das Allerbeste.

Glückwünsche zur Prüfung (s. Brief 16)

1. Enhorabuena por tu examen. – 2. Me he alegrado enormemente de que hayas pasado tan bien el examen, y te felicito muy cordialmente. – 3. Enhorabuena por el magnífico resultado en tus exámenes.

1. Wir wünschen Dir zu Deinem Examen viel Glück. – 2. Es hat mich gefreut, daß Du Deine Prüfung so gut bestanden hast, und ich gratuliere Dir sehr herzlich. – 3. Ich gratuliere Dir zu Deinem glänzenden Erfolg bei Deinen Prüfungen.

Glückwünsche zum Namenstag (s. Brief 14)

1. ¡Felicidades en el día de tu santo! – 2. Con motivo de tu santo, recibe nuestra más cordial felicitación.

1. Herzlichen Glückwunsch zu Deinem Namenstag! – 2. Zu Deinem Namenstag unseren herzlichen Glückwunsch.

Glückwünsche zur neuen Stellung

Me ha *alegrado (interesado)* la noticia de tu [magnífico] nuevo *empleo (puesto)*, y te deseo en él mucho éxito.

Es hat mich sehr *gefreut (interessiert)*, von Deiner [großartigen] neuen Stellung zu hören, und ich wünsche Dir vollen Erfolg darin.

Beileid, Anteilnahme (s. Brief 18, 19, 20)

1. Con gran consternación me he enterado de la muerte de tu padre. Te doy mi más sentido pésame. – 2. Nos ha llegado al alma la noticia del fallecimiento de Catalina; te *expresamos*

1. Mit großer Trauer habe ich vom Tod Deines Vaters gehört. Ich spreche Dir mein aufrichtiges Mitgefühl aus. – 2. Die Nachricht von Catalinas Tod war ein schwerer Schlag für uns; wir spre-

nuestro más sentido pésame (acompañamos en el sentimiento). – 3. No sabes lo que he sentido que no hayas aprobado el examen, pero estoy seguro de que la próxima vez tendrás más suerte.

chen Dir unser tiefempfundenes Mitgefühl aus. – 3. Es tat mir sehr leid, daß Du Dein Examen nicht bestanden hast, aber ich bin überzeugt, Du wirst nächstes Mal mehr Glück haben.

Einladungen zu verschiedenen Gelegenheiten (s. Brief 43–46, 67)

1. Nos alegraría muchísimo si vinierais pronto a cenar con nosotros. ¿Os convendría el martes de la próxima semana? – 2. El viernes próximo a la 1 tenemos invitados a un par de amigos para comer, y nos alegraría que Vd. y su esposo estuvieran también presentes. – 3. El jueves, 15 de marzo, tenemos prevista una asistencia conjunta a "Hamlet", y nos gustaría saber si a ti y a Pedro os gustaría venir también. – 4. Para el viernes en una semana, el 15 de agosto a las 8.30, proyectamos una pequeña fiesta en plan de amigos, y nos encantaría que tú y Miguel pudiérais venir. – 5. ¿Os gustaría a ti y a Mariluz pasar por casa el domingo a tomar el aperitivo? – 6. No os molestéis en contestar si venís. Os esperamos hacia las 12. – 7. Nos alegraría que pudierais venir el mes próximo para pasar con nosotros un fin de semana. – 8. ¿Estaréis libres entre el 17 y el 19? – 9. Venid a vernos si os encontráis cerca; podéis pernoctar en casa. – 10. Espero que pasarás por casa cuando vengas por Santander.

1. Wir würden uns sehr freuen, wenn Ihr bald mal abends zum Essen zu uns kämt. Würde Euch Dienstag nächster Woche passen? – 2. Wir haben am nächsten Freitag um 1 Uhr ein paar Freunde zum Essen bei uns und würden uns sehr freuen, wenn Sie und Ihr Mann dabeisein könnten. – 3. Wir haben für Donnerstag, 15. März, einen gemeinsamen Besuch der „Hamlet"-Aufführung vor und wüßten gern, ob Du und Pedro Lust habt mitzukommen. – 4. Wir beabsichtigen, am Freitag in einer Woche, dem 15. August, um 8 Uhr 30 eine kleine zwanglose Party zu geben, und wären sehr erfreut, wenn Du und Michael kommen könntet. – 5. Hättest Du und Mariluz Lust, am Sonntag zu einem Drink vor dem Essen zu kommen? – 6. Macht Euch nicht die Mühe zu antworten, wenn Ihr kommen könnt. Wir erwarten Euch um etwa 12 Uhr. – 7. Es würde uns sehr freuen, wenn Ihr im nächsten Monat kommen könntet, um ein Wochenende mit uns zu verbringen. – 8. Ob Ihr vom 17. bis zum 19. frei seid? – 9. Kommt uns doch besuchen, wenn Ihr in unserer Gegend seid – wir können Euch leicht für eine Nacht unterbringen. – 10. Ich hoffe, daß Du Dich bei uns sehen läßt, wenn Du mal in Santander bist.

Annahme der Einladung (s. Brief 47, 49)

1. Le quedo muy agradecido por su amable invitación a *comer (cenar)* el 15 de agosto. – 2. Iré encantado. – 3. Fue

1. Ich danke Ihnen sehr für Ihre freundliche Einladung zum *Mittag- (Abend-)essen* am 15. August. – 2. Ich

una gran alegría acompañaros al teatro; ¡muchísimas gracias! – 4. Nuestro mayor agradecimiento por vuestra invitación para el 5 de abril. – 5. Vendré encantadísimo. – 6. Ha sido Vd. muy amable en invitarme para el fin de semana. – 7. El fin de semana del 17 al 19 me viene muy bien. – 8. Muchas gracias por vuestra amable invitación a *visitaros (encontrarnos)* en Marbella. – 9. Espero que me sea posible.

komme sehr gern. – 3. Es war sehr nett, mit Euch ins Theater zu gehen; vielen Dank! – 4. Habt vielen Dank für Eure Einladung zum 5. April. – 5. Ich komme wirklich sehr gern. – 6. Wie freundlich von Ihnen, mich zum Wochenende einzuladen. – 7. Das Wochenende vom 17.–19. paßt mir ausgezeichnet. – 8. Vielen Dank für Eure freundliche Einladung, Euch in Marbella *zu besuchen (aufzusuchen)*. – 9. Ich hoffe sehr, es wird mir möglich sein.

Ablehnung, Absage (s. Brief 48, 50)

1. Muchas gracias por vuestra amable invitación a *comer (cenar)* el viernes. – 2. Siento tener ya un compromiso para ese día, de manera que me es imposible ir. – 3. Lo siento muchísimo. – 4. Por desgracia, mi marido y yo tenemos que estar ese día en Bilbao, y me temo que no nos será posible visitaros. – 5. Encantadísimos *iríamos a veros el fin de semana (pasaríamos a visitaros el domingo por la mañana)*, pero desgraciadamente no podrá ser, pues mi madre está aún [el próximo mes] con nosotros. – 6. Me temo que no nos será posible ir el viernes. – 7. Los dos niños están en cama con sarampión y no puedo dejarlos solos. – 8. Lo siento en el alma, pues nos había ilusionado tanto visitaros.

1. Vielen Dank für Eure freundliche Einladung zum *Mittag-(Abend-)essen* am Freitag. – 2. Leider habe ich schon eine Verabredung für diesen Tag, so daß ich nicht kommen kann. – 3. Es tut mir sehr leid. – 4. Leider müssen mein Mann und ich an dem Tag in Bilbao sein, und ich fürchte, daß es uns daher unmöglich sein wird, zu Euch zu kommen. – 5. Wir wären so gern *zum Wochenende zu Euch gekommen (am Sonntagmorgen bei Euch vorbeigekommen)*, aber leider wird es nicht möglich sein, da meine Mutter noch [den ganzen nächsten Monat] bei uns bleibt. – 6. Ich fürchte, wir werden am Freitag nicht kommen können. – 7. Beide Kinder liegen mit Masern im Bett, und ich kann sie nicht allein lassen. – 8. Es tut mir so leid, denn wir hatten uns so sehr auf unseren Besuch bei Euch gefreut.

Dank für Gastfreundschaft (s. Brief 53, 54)

1. Le quedamos sumamente agradecidos por la encantadora velada que pasamos ayer en su casa. – 2. Muchas gracias por el agradable fin de semana. – 3.

1. Wir danken Ihnen sehr für den reizenden Abend, den wir gestern bei Ihnen verbrachten. – 2. Vielen Dank für das schöne gemeinsame Wochenende.

Nos hemos entretenido en grande. – 4. Sencillamente me veo precisado a escribirle unas líneas para decirle lo bien que lo pasamos ayer. – 5. Ha sido Vd. muy amable en sacrificar tanto tiempo para acompañarnos [por la ciudad].

– 3. Wir haben uns ganz großartig unterhalten. – 4. Ich muß Ihnen einfach ein paar Zeilen schreiben, um Ihnen zu sagen, wie gut wir uns gestern unterhalten haben. – 5. Es war so freundlich von Ihnen, so viel von Ihrer Zeit zu opfern, um uns [in der Stadt] herumzuführen.

Geschenke (s. Brief 41)

1. Espero que te agradará el regalito, que te enviamos con cordiales saludos. – 2. Para Pedro, con los mejores deseos de *un feliz cumpleaños (unas felices Navidades)*, de Rita. – 3. Por correo aparte te envío un pequeño regalo, que espero te gustará. – 4. Te lo enviamos con *los mejores deseos (cordiales saludos)* de todos nosotros. – 5. Deseaba mandarte un pequeño presente, pero no estaba seguro de qué podría agradarte. Por eso, adjunto un cheque con la esperanza de que eligirás tu mismo lo que más te guste.

1. Ich hoffe, Dir gefällt das kleine Geschenk, das mit herzlichen Grüßen von uns kommt. – 2. Für Peter, mit den besten Wünschen für *einen glücklichen Geburtstag (ein frohes Weihnachtsfest)*, von Rita. – 3. Mit gleicher Post schicke ich ein kleines Geschenk, von dem ich hoffe, es wird Dir gefallen. – 4. Es kommt mit *besten Wünschen (herzlichen Grüßen)* von uns allen. – 5. Ich wollte Dir eine Kleinigkeit schenken, war aber nicht sicher, was Dir gefallen würde. Darum lege ich einen Scheck bei und hoffe, Du suchst Dir etwas aus, was Dir Freude macht.

Dank für Geschenke (s. Brief 56, 57)

1. Muchísimas gracias por el lindo regalo de *cumpleaños (Navidad)*. – 2. Has sido muy amable en enviarme tan linda estilográfica [para mi cumpleaños]. – 3. Quiero escribirte en seguida para agradecerte tan generoso cheque. Me alegro ya de poder elegir un libro la próxima vez que vaya a la ciudad.

1. Vielen Dank für das schöne *Geburtstags-(Weihnachts)geschenk*. – 2. Es war sehr freundlich von Dir, mir [zum Geburtstag] einen so schönen Füllfederhalter zu schicken. – 3. Ich muß gleich schreiben, um Dir herzlich für den großzügigen Scheck zu danken. Ich freue mich schon darauf, mir dafür ein Buch auszusuchen, wenn ich nächstes Mal in der Stadt bin.

Ausleihen von Gegenständen (s. Brief 35)

1. ¿Será muy atrevido por mi parte rogarle si me podría prestar su cortacésped de motor por un par de días? – 2.

1. Ob es wohl sehr viel verlangt ist, wenn ich frage, ob ich Ihren Motor[rasen]mäher für ein paar Tage ausleihen

El mío lo he tenido que enviar, por desgracia, a reparar. – 3. No necesito decirle que lo trataré con sumo cuidado. – 4. En el caso de que no le convenga por el motivo que sea, no tenga reparo en decírmelo.

darf? – 2. Meiner mußte leider zur Reparatur eingeschickt werden. – 3. Ich brauche kaum zu sagen, daß ich äußerst vorsichtig damit umgehen werde. – 4. Sollte es Ihnen jedoch in irgendeiner Weise ungelegen sein, so zögern Sie bitte nicht, es zu sagen.

Zusage, Absage

1. Desde luego, puede disponer de mi máquina de escribir. – 2. ¿Pasa Vd. mismo a buscarla? – 3. Mañana estoy en casa toda la tarde. ¿Le vendría bien? – 4. Siento tener que decirle que debo escribir unos trabajos urgentes, por lo que de momento no puedo prescindir de mi máquina. – 5. Siento no poder ayudarle.

1. Auf jeden Fall bekommen Sie meine Schreibmaschine geliehen. – 2. Kommen Sie selbst deswegen vorbei? – 3. Ich bin morgen den ganzen Nachmittag zu Hause. Würde es Ihnen dann recht sein? – 4. Leider habe ich einige dringende Arbeiten zu erledigen und kann meine Schreibmaschine augenblicklich nicht entbehren. – 5. Es tut mir leid, Ihnen nicht helfen zu können.

Dank für Ausleihen von Gegenständen (s. Brief 55)

1. Mañana por la tarde le traigo la máquina de escribir, y le quedo muy agradecido por habérmela prestado. – 2. Ha sido una enorme ayuda. – 3. Ha sido Vd. extraordinariamente amable en prestarme el cortacésped. – 4. ¿Le vendría bien si se lo devuelvo el sábado de mañana? – 5. Si no, dígame cuándo le viene mejor.

1. Ich bringe die Schreibmaschine morgen nachmittag zurück und danke Ihnen sehr dafür, daß Sie sie mir geliehen haben. – 2. Es war mir eine sehr große Hilfe. – 3. Es war außerordentlich freundlich von Ihnen, mir Ihren Rasenmäher zu leihen. – 4. Wäre es Ihnen recht, wenn ich ihn Sonnabend früh zu Ihnen bringe? – 5. Falls nicht, lassen Sie mich wissen, wann es Ihnen besser paßt.

Entschuldigung (s. Brief 59–63)

1. Perdóneme que le escriba tan tarde. – 2. Quisiera disculparme sinceramente por no comparecer a la cita de ayer. – 3. Mi tren llegó con tanto retraso, que al llegar yo, usted ya se había marchado. – 4. *Mi pequeño (Mi esposa / Luis)* estuvo *enfermo (enferma)*, y me fue im-

1. Bitte entschuldigen Sie, daß ich Ihnen erst so spät schreibe. – 2. Ich möchte mich vielmals dafür entschuldigen, unser gestriges Treffen versäumt zu haben. – 3. Mein Zug hatte so viel Verspätung, daß Sie, als ich ankam, schon gegangen waren. – 4. *Mein Kleiner*

posible ponerme en comunicación contigo [a tiempo]. – 5. *He contraido una pleuresía (me he dislocado el pie)*, y cuando te llamé para decirte por qué no podía ir, no contestó nadie. – 6. Tengo que confesar que, por desgracia, olvidé por completo la cita. – 7. Le ruego me disculpe, y espero que me perdone.

(meine Frau / Luis) war krank, und ich konnte mich leider nicht [rechtzeitig] mit Dir in Verbindung setzen. – 5. Ich habe mir *eine Rippenfellentzündung zugezogen (den Fuß verstaucht)*, und es meldete sich niemand, als ich Dich anzurufen versuchte, um zu erklären, warum ich nicht kommen konnte. – 6. Ich muß leider eingestehen, daß ich die Verabredung völlig vergessen habe. – 7. Ich bitte sehr um Entschuldigung und hoffe, Sie werden mir verzeihen.

Antwort darauf

1. Lamento no haber podido encontrarle ayer, pero me puedo explicar el motivo por el que no coincidimos en la cita. – 2. Tenemos que intentar encontrarnos pronto de nuevo, y espero que la próxima vez con más éxito. – 3. Siento haber oido que *estás (tu marido / Paco / tu pequeño está)* enfermo, pero espero poder encontrarnos tan pronto como *estés (esté)* nuevamente restablecido. – 4. No se preocupe por lo de ayer; no importa en absoluto. – 5. Resulta agradable ver que también otros olvidan a veces algo.

1. Leider habe ich Sie gestern nicht angetroffen, aber ich kann mir erklären, warum wir uns verfehlt haben. – 2. Wir müssen noch einmal versuchen, uns bald zu treffen, und ich hoffe, nächstes Mal wird es besser gelingen. – 3. Es tut mir sehr leid zu hören, daß *Du (Dein Mann / Paco / Dein Kleiner) krank bist (ist)*, ich hoffe aber, daß wir uns treffen können, sobald es *Dir (ihm)* wieder besser geht. – 4. Machen Sie sich bitte wegen gestern keine Gedanken; es macht überhaupt nichts. – 5. Es ist gut, wenn man sieht, daß auch andere manchmal etwas vergessen.

Grüße von Dritten

1. Pedro y yo mandamos los *mejores deseos (más cordiales saludos)*. – 2. Muchos recuerdos de Carlos. – 3. Gonzalo y yo enviamos *cordiales* saludos *(los saludos más cordiales)*. – 4. Mi madre le envía un saludo especial. – 5. Todos os deseamos lo mejor. – 6. *Jaime (Ana) te (os)* mandan *cordiales saludos (muchos recuerdos)*. – 7. Muchos recuerdos de . . .

1. Peter und ich senden die *besten Wünsche (herzlichsten Grüße)*. – 2. Carlos läßt herzlich grüßen. – 3. Gonzalo und ich senden *freundliche Grüße (herzlichste Grüße)*. – 4. Meine Mutter bittet um eine Empfehlung an Sie. – 5. Wir alle senden Euch beiden die besten Wünsche. – 6. *Jaime (Ana)* läßt *Dich (Euch)* herzlich grüßen. – 7. Herzliche Grüße von . . .

Grüße an Dritte

1. Te ruego saludes a los niños de mi parte. – 2. Un cordial saludo a tus padres. – 3. Saluda cordialmente a tu madre de parte mía. – 4. Muchos recuerdos para tu padre. – 5. Un cordial saludo a Lorenzo y a los niños.

1. Bitte grüße die Kinder herzlich von mir. – 2. Grüße bitte Deine Eltern herzlich von mir. – 3. Bitte grüße Deine Mutter herzlich von mir. – 4. Ich bitte um eine Empfehlung an Deinen Vater. – 5. Herzliche Grüße an Lorenzo und die Kinder.

E ANHANG

Silbentrennung

Für die Silbentrennung gelten im Spanischen folgende Regeln:

1. **Ein einfacher Konsonant** zwischen zwei Vokalen gehört zur folgenden Silbe (di-ne-ro, Gra-na-da).
2. **Zwei Konsonanten** werden getrennt (miér-co-les, dis-cur-so). Ist der zweite Konsonant jedoch ein l oder r, so gehören beide zur folgenden Silbe (re-gla, nie-bla; po-bre, ca-bra). Auch ch, ll und rr gehören zur folgenden Silbe (te-cho, ca-lle, pe-rro).
3. Bei **drei Konsonanten** gehören die beiden letzten (meist l oder r) zur folgenden Silbe (ejem-plo, siem-pre). Ist der zweite Konsonant jedoch ein s, so wird hinter dem s getrennt (cons-tan-te, ins-ti-tu-to, des-pe-di-da).
4. Bei **vier Konsonanten** – der zweite ist meist ein s – wird in der Mitte getrennt (ins-tru-men-to).
5. **Diphthonge** (Doppellaute) und **Triphthonge** (Dreilaute) dürfen nicht getrennt werden (bien, buey); getrennt dagegen werden Vokale, die verschiedenen Silben angehören (frí-o, acre-e-dor).
6. **Zusammengesetzte Wörter** – auch mit Vorsilben gebildet – werden entsprechend ihrer Herkunft getrennt (nos-otros, des-a-li-ño, dis-cul-pa).

Zeichensetzung

Das **Komma** *steht* im Spanischen häufig nach adverbiellen Ausdrücken, die einen Satz einleiten (sin embargo, todos los esfuerzos eran inútiles *alle Bemühungen jedoch waren vergeblich*). Dagegen *fehlt* es – im Gegensatz zum Deutschen – vor que *daß*, si *ob* und vor Relativsätzen, die zum Verständnis des Hauptsatzes unentbehrlich sind (esperamos que nos conteste pronto *wir hoffen, daß er uns bald antwortet;* no sabemos si os gustará *wir wissen nicht, ob es euch gefallen wird;* dudo que lo haga *ich bezweifele, daß er es tut*).

Voranstehende Nebensätze werden durch ein Komma getrennt: si tengo tiempo, lo haré *wenn ich Zeit habe, mache ich es;* aber: lo haré si tengo tiempo *ich mache es, wenn ich Zeit habe.*

Frage- und Ausrufesätze werden mit den umgekehrten Satzzeichen eingeleitet, die dort stehen, wo Frage bzw. Ausruf beginnen. (Dispense usted, ¿está en casa el señor Pérez? *Entschuldigen Sie, ist Herr Pérez zu Hause?;* ¡Qué lástima! *Wie schade!*)

Im Gegensatz zum Deutschen setzt man im Spanischen nach der Anrede einen **Doppelpunkt.**

Spanische Vornamen

A

Adán Adam
Adelaida Adele, Adelheid
Adolfo Adolf
Águeda Agathe
Agustín Augustin
Alberto Albert
Alejandro Alexander
Al(f)onso Alfons
Alfredo Alfred
Alicia Alice
Ana Anna
Andrés Andreas
Antonio Anton
Arturo Art(h)ur
Augusto August

B

Beatriz Beatrix
Benito Benedikt
Bernardo Bernhard
Brígida Brigitte

C

Camila Kamilla
Camilo Kamillo
Carlos Karl
Carlota Charlotte
Casimiro Kasimir
Catalina Katharina, Käthe
César Cäsar
Concepción (Abk. *Concha, Conchita*) Concepcion
Conrado Konrad, Kurt
Constanza Konstanze
Cristo Christus
Cristóbal Christoph

D

Damián Damian
Diego Jakob
Dionisio Dionys(ius)
Dolores (Abk. *Lola*) Dolores
Dorotea Dorothea

E

Edmundo Edmund
Eduardo Eduard
Elena Helene
Eloy Ägidius
Emilia Emilie
Emilio Emil
Enrique Heinrich
Enriqueta Henriette
Ernesto Ernst
Esteban Stephan
Eugenia Eugenie
Eugenio Eugen
Eusebio Eusebius

F

Federico Friedrich
Felipe Philipp
Fernando Ferdinand
Francisca Franziska
Francisco (Abk. *Paco*) Franz

G

Gabriel Gabriel
Gerardo Gerhard
Gil Ägidius
Gregorio Gregor(ius)
Gualter(i)o Walt(h)er
Guido Veit
Guillermo Wilhelm
Gustavo Gustav

I

Ignacio Ignaz
Inés Agnes
Isabel Isabella; Elisabeth

J

Jaime Jakob
Javier Xaver
Jerónimo Hieronymus
Jesús Jesus
Joaquín Joachim
Jorge Georg
José (Abk. *Pepe*) Joseph
Josefa Josepha
Juan Johann(es), Hans
Juan(it)a Johanna, Hanna
Julia Julia
Julián Julian
Julio Julius
Justo Justus

L

León Leo
Leonardo Leonhard
Leonor Eleonore, Leonore
Lorenzo Lorenz
Luis Ludwig, Alois
Luisa Luise

M

Manuel Emanuel, Immanuel
Margarita Margarete, Grete
María Maria
Mateo Matthäus
Matías Matthias
Mauricio Moritz
Mercedes (Abk. *Merche*) Mercedes
Miguel Michael
Moisés Moses

N

Nicolás Nikolaus
Noé Noah

O

Otón Otto

P

Pablo Paul
Paulina Pauline
Pedro Peter
Pilar Pilar

R

Rafael Raphael
Raimundo Raimund
Ramiro Ramiro
Ramón Raimund
Raquel Rachel
Ricardo Richard
Roberto Robert
Rodolfo Rudolf
Rodrigo Roderich
Rosario (Abk. *Charo*) Rosario
Ruperto Ruprecht

S

Salvador Salvador
Sancho Sancho
Santiago Jakob(us)
Sibila Sibylle
Sofía Sophie

T

Teodorico Dietrich
Teodoro Theodor
Teresa Therese
Tomás Thomas

V

Vicente Vinzenz

Alphabetisches Inhaltsverzeichnis

Weitere Titel aus unserem Spanisch-Programm

Langenscheidts Grundwortschatz Spanisch

Bearbeitet von der Langenscheidt-Redaktion unter Mitarbeit von Maria Dueñas de Haensch. 336 Seiten.

Ein nach Sachwörtern geordnetes Lernwörterbuch mit rund 3000 Grundwörtern in 4000 Wortgleichungen.

Langenscheidts Taschenwörterbuch Spanisch

Mit ausführlicher Berücksichtigung des lateinamerikanischen Sprachgebrauchs.

Komplettband.
Spanisch-Deutsch.
Deutsch-Spanisch.

Dieses handliche und doch umfassende Wörterbuch bietet mit rund 80000 Stichwörtern und Wendungen auf 1054 Seiten den modernen Wortschatz der Umgangs- und Fachsprache.

Langenscheidts Kurzgrammatik

Kurzgefaßt, übersichtlich geordnet, mit vielen Beispielen, enthält sie alle wichtigen grammatischen Regeln und Eigenheiten der Sprache. 64 Seiten.

Langenscheidts Verb-Tabellen Spanisch

Musterbeispiele für alle Konjugationsklassen der regelmäßigen und unregelmäßigen Verben, leicht erlernbar in Tabellen dargestellt. 63 Seiten.

Teste Dein Spanisch!

Stufe 1: Testbuch für Anfänger. 104 Seiten.
Stufe 2: Testbuch für Fortgeschrittene. 104 Seiten.

Eine neue Art, seine Spanisch-Kenntnisse zugleich zu testen und zu festigen. In einem anregenden Frage- und Antwortspiel lernt der Benutzer, wie man die für den Ausländer typischen Fehler vermeidet.

Langenscheidt ... weil Sprachen verbinden